Matthias Heinitz

Wissenschaftliches Arbeiten für Ingenieure

Matthias Heinitz

Studienratgeber

Wissenschaftliches Arbeiten für Ingenieure

Denkanstöße zur erfolgreichen Bachelor- und Masterarbeit

Autor:
Prof. Dr.-Ing. Matthias Heinitz
Professor im Hochschulbereich für Angewandte Wissenschaften
an der Universität der Bundeswehr München

Bibliografische Information der Deutschen Nationalbibliothek:
Die Deutsche Nationalbibliothek verzeichnet diese Publikation in der Deutschen Nationalbibliografie; detaillierte bibliografische Daten sind im Internet über http://dnb.dnb.de abrufbar.

Herstellung und Verlag: BoD – Books on Demand, Norderstedt.

ISBN: 978-3-7528-7395-5

Inhalt

Vorwort

Dieses Buch zielt auf die Vermehrung Ihres Vermögens ab. Nein, es geht nicht um Ihr Geldvermögen oder mögliche Wertanlageformen Ihres Vermögens, sondern um Ihr Leistungsvermögen. Es geht um die Vermehrung Ihres Leistungsvermögens, eine wissenschaftliche Arbeit – eine Bachelor- oder Masterarbeit – durchzuführen. Um es klar und deutlich zu formulieren: Sie besitzen schon einiges von diesem Leistungsvermögen. Dieses Buch verfolgt das Ziel, dass Sie sich Ihr Leistungsvermögen bewusst vor Augen führen, es stärken und ausbauen, indem Sie über Ihre anstehende wissenschaftliche Arbeit intensiv nachdenken: wie Sie sie angehen, vorbereiten und strukturieren, wie Sie sie durchdenken und organisieren, so dass die Entwicklung und Durchführung Ihrer Arbeit mit recht hoher Wahrscheinlichkeit in einen Erfolg münden wird: einen wissenschaftlichen Erfolg, einen Prüfungserfolg und – am wichtigsten – einen persönlichen Erfolg! Letzteres ist der Kern wissenschaftlichen Arbeitens: die Herausbildung einer Persönlichkeit. Schon der italienische Schriftsteller und Wissenschaftler Umberto Eco wusste [Eco2010]:

> „Eine solche Arbeit schreiben, bedeutet also zu lernen, in die eigenen Gedanken Ordnung zu bringen und Angaben zu ordnen: es ist das Erfahren der methodischen Arbeit; d.h. es geht darum, einen ‚Gegenstand‘ zu erarbeiten, der im Prinzip auch für andere nützlich sein kann. Und darum ist das Thema der Arbeit weniger wichtig als die Erfahrung, die sie mit sich bringt.“

Ich betreue Studierende der Ingenieurwissenschaften bei ihren wissenschaftlichen Arbeiten bzw. Abschlussarbeiten seit mehr als 25 Jahren. Früher trugen diese Namen wie *Studien-* und *Diplomarbeit*. Heute sprechen wir von *Projekt-*, *Bachelor-* und *Masterarbeiten*. Die letzten 25 Jahre sind von enormen technischen Fortschritten geprägt gewesen, die auch das wissenschaftliche Arbeiten erleichtern oder gar beflügeln. Dank Suchmaschinen erfolgt die Literatursuche heute rasend schnell, die Mehrzahl der Literatur steht elektronisch zur Verfügung, muss nicht kopiert und kann kinderleicht auf Schlagwörter durchsucht werden. Es stehen leistungsfähige Softwareprogramme zur Verwaltung von Literatur und zur computergestützten Organisation der wissenschaftlichen Arbeit zur Verfügung. Textverarbeitungsprogramme sind heute praktisch frei von *Abstürzen*, die Gefahr eines weitreichenden Datenverlustes ist weitgehend gebannt. Und schließlich erfolgt die Archivierung der Arbeit und aller ihrer Materialien nicht mehr mühsam mit Diskettenstapeln, sondern kompakt mit *Memory Sticks* oder – quasi *dematerialisiert* – in der *Datenwolke*.

Trotz aller Erleichterungen dank des technischen Fortschritts ist das Wesen wissenschaftlicher Arbeiten für Studierende stets gleich geblieben: ein wissenschaftliches Projekt, das in seinem Kern aus einer eigenständigen gedanklich-intellektuellen Leistung besteht, dem **Lernen** und dem Aneignen eines **Fachgebietes**, aus **wissenschaftlicher Arbeit** und einer schriftlichen Ausarbeitung – und das alles muss gründlich geplant, organisiert, durchdacht und in einer prüfungsrechtlich vorgegebenen Zeitspanne erfolgreich durchgeführt werden. Es geht darum, ein **Forschungsprojekt** zu **managen**. Gerade diese genannten Bausteine einer wissenschaftlichen Arbeit lassen sich nur schwer automatisieren. Unser Kopf und unsere **Kopfarbeit** sind gefragt, sie stehen im Zentrum (*Abb. 1*). Trotz aller Unterstützung durch Computer und Software sind wir gefordert, die *gedankliche Hoheit* zu bewahren und den Überblick zu behalten. In der Wissenschaft sind die wissenschaftliche Fragestellung und die Methode, die zu Ihrer Lösung herangezogen wird, untrennbar miteinander verzahnt. Dies macht das intensive Nachdenken und die Kopfarbeit bei der wissenschaftlichen Arbeit über einen längeren Zeitraum unverzichtbar.

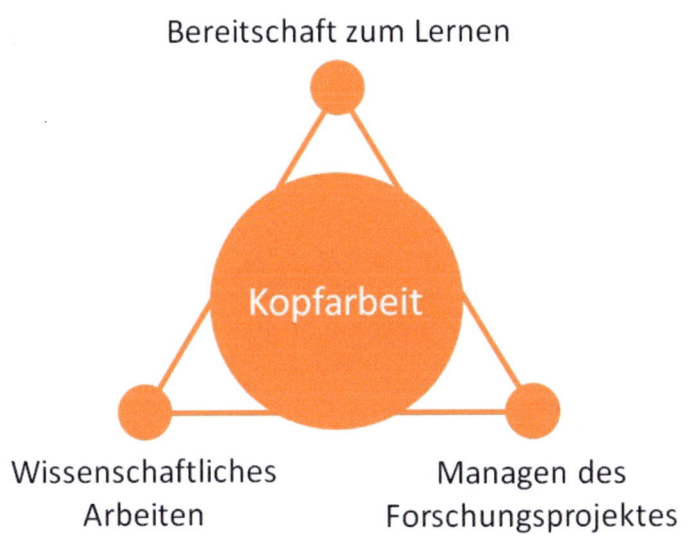

Abb. 1 *Bausteine einer wissenschaftlichen Arbeit*

Der Eintritt in Ihre Bachelor- oder Masterarbeit stellt Sie vor besondere Herausforderungen: Viele neue Informationen und Eindrücke, natürlich die Neugier auf diese Aufgabe in Ihrem wissenschaftlichen Studium und viele technische Fragen. Dabei drohen wichtige übergeordnete Fragen zur Durchführung der Arbeit in den Hintergrund gedrängt zu werden. Jedoch ist es gerade sinnvoll, sich *Gedanken über die Gedanken* zu machen. Hier setzt dieses Buch an: Welches sind die Leitgedanken bei Ihrer Bachelor- oder Masterarbeit? Was ist von besonderer Bedeutung? Im Tennis spricht man gerne von *big points*. Dieses Buch ist kein Kompendium zum wissenschaftlichen Arbeiten. Es soll – in kompakter Form – zum Nachdenken anregen, Denkanstöße geben: An welchen Punkten bei Ihrer wissenschaftlichen Arbeit nehmen Sie wesentliche Weichenstellungen vor? Welche Aspekte sind hierbei zu bedenken? Machen Sie sich diese Aspekte und die dahinterstehenden Gedanken einmal bewusst: Denken Sie voraus, denken Sie nach, denken Sie „darauf rum". Genau darum geht es bei Ihrer wissenschaftlichen Arbeit.

Warum wird der Fokus gemäß Buchtitel auf die Ingenieurwissenschaften gelegt? In den unterschiedlichen Fächern kann die Wissenschaftskultur durchaus leicht variieren. In den geisteswissenschaftlichen Fächern steht beispielsweise das Arbeiten mit dem Text sehr stark im Vordergrund. Hingegen ist der Forschungsgegenstand in den Ingenieurdisziplinen häufig ein konkretes technisches System, ein Messaufbau, eine Hardware- oder Softwareumgebung. Diese Tatsache hat vielerlei Auswirkungen, so auch auf die Strukturierung und den Aufbau der wissenschaftlichen Arbeit.

Aufgrund meiner akademischen Ausbildung und meines beruflichen Werdegangs bin ich durch die Ingenieurwissenschaften nachhaltig geprägt, so dass davon auszugehen ist, dass sich meine Überlegungen sehr stark an dieser Disziplin orientieren und – unbewusst und ungewollt – durchaus bedenkenswerte Aspekte anderer Fächer übersehen werden. Gleichwohl lassen sich die in diesem Buch dargelegten Gedankenwege nahezu ohne Einschränkung auf andere Wissenschaftsdisziplinen übertragen.

Dieses Buch speist sich aus zwei Quellen: Ich habe viele Studierende bei ihren Arbeiten begleiten und beobachten dürfen, insbesondere ihre Herangehensweise und ihren Reifungsprozess während ihrer wissenschaftlichen Arbeiten. Diese praktischen Erfahrungen und Erlebnisse gebe ich in einem Seminar für wissenschaftliches Arbeiten weiter, das ich seit 2011 anbiete. Die vielfältigen Erkenntnisse aus dem dortigen Austausch mit den Studierenden haben ebenso Eingang in dieses Buch gefunden. Es richtet sich daher schwerpunktmäßig an folgende Zielgruppen:

1. Für Studierende in ingenieurwissenschaftlichen und technischen Bachelor- und Masterstudiengängen an Universitäten und Hochschulen für Angewandte Wissenschaften, die in Kürze ihre wissenschaftliche Arbeit angehen, soll dieses Buch ein kompakter Ratgeber sein, der zum Nachdenken über die eigene wissenschaftliche Arbeit anregt.

2. Es sollen Lehrende, Ingenieure, Naturwissenschaftler und Techniker angesprochen werden, die Studierende bei ihren wissenschaftlichen Arbeiten betreuen.

Ich wünsche Ihnen gute Gedanken und eine erfolgreiche Bachelor- oder Masterarbeit, an die Sie auch später jederzeit gerne zurück*denken*.

Neubiberg im September 2018   *Matthias Heinitz*

Kapitel 1

Allroundtalente gesucht

Der Volksmund weiß: *„Man muss die Dinge vom Ende her denken."* Lassen Sie uns diese Weisheit einmal auf Ihre bald anstehende Bachelor- oder Masterarbeit übertragen. Auf welche Erfahrungen und Eindrücke möchten Sie als Studierende/r nach Abgabe Ihrer – hoffentlich erfolgreichen! – wissenschaftlichen Arbeit zurückblicken? Es sollte ein motivierendes Thema gewesen sein. Klar. Sie wollen etwas gelernt haben. Natürlich. Und die Erstellung der Arbeit soll Ihnen über weite Strecken Freude bereitet haben, weil Sie die Aufgabenstellung umfassend bearbeitet und neue Lösungen gefunden[1] haben. Sicher. Und, ach ja, seien wir ehrlich, zu dieser Aufzählung gehört auch: Eine gute bis sehr gute Bewertung der Arbeit wäre natürlich sehr willkommen.

Die naheliegende Frage ist: Wie müssen Sie vorgehen, damit Sie zu einem solch positiven Rückblick auf Ihre Arbeit kommen? Befragt man Studierende, was es zum erfolgreichen Gelingen einer solchen wissenschaftlichen Arbeit braucht, erhält man häufig folgende Nennungen:

- Geeignetes Thema und geeigneten Betreuer[2] finden

---

[1] Dieser Erkenntnisgewinn ist wissenschaftlich gewünscht und macht den Kern von Wissenschaft aus.

[2] Zur besseren Lesbarkeit in diesem Buch schließt die männliche stets die weibliche Form ein.

- Motivation aufbauen und aufrecht halten
- Klare Ziele verfolgen
- Zeitmanagement anwenden
- Strukturiertes und fokussiertes Arbeiten
- Verständliche schriftliche Ausarbeitung erstellen

Die genannten Punkte spielen eine wichtige Rolle – und einige mehr. Die erfolgreiche Erstellung einer wissenschaftlichen Arbeit verlangt eine Vielzahl von Fähigkeiten und Fertigkeiten. Woher kommt das?

Die Auswahl und die Durchführung einer Bachelor- oder Masterarbeit entsprechen der Definition eines Projektes. Ein solches wissenschaftliche Projekt zeichnet sich durch seine Einzigartigkeit (*Aufgabenstellung*) aus und wird mit begrenzten Ressourcen (*Zeit, Arbeitskraft, Geld*) durchgeführt. Es unterliegt vielen Anforderungen. Die betreuende Professur legt üblicherweise[3] die inhaltliche Aufgabenstellung fest. Die Prüfungsordnung steckt den zeitlichen Rahmen ab. Und es gilt, das wissenschaftliche Regelwerk zu erfüllen. Aus diesen übergeordneten Anforderungen leiten sich viele spezifische Aufgaben ab. Daraus ergibt sich letztlich eine große Zahl notwendiger Kompetenzen und Schlüsselqualifikationen, die Sie erwerben müssen, um den eingangs erwähnten Erfolg zu erreichen. Einige Beispiele für solche benötigten Schlüsselqualifikationen sind:

- Lernkompetenz
- Methodenkompetenz
- Kompetenz zur Informationsverarbeitung
- kommunikative Kompetenz
- Planungskompetenz

---

[3] Es gibt ebenso das Szenario, dass ein Studierender für einen eigenen Themenvorschlag eine betreuende Professur gewinnt.

- Kompetenz zum Selbstmanagement und zur Selbstorganisation
- Schreibkompetenz
- Kompetenz zum wissenschaftlichen Arbeiten
- Kompetenz zur Präsentation wissenschaftlicher Ergebnisse

Die gute Nachricht: Die Mehrzahl dieser Kompetenzen haben Sie in Ihrem bisherigen Studium bereits erlernen und erproben können. Sie haben Fachwissen im wissenschaftlichen Kontext erlernt, komplexe Zusammenhänge erkannt und methodisches Wissen erworben. Und diese Kompetenzen lassen sich gut ausbauen, auch im Rahmen einer wissenschaftlichen Arbeit und unter Zeitdruck.

Wichtig ist die Erkenntnis:

Die erfolgreiche Erstellung einer wissenschaftlichen Arbeit erfordert viele Kompetenzen. Bringen Sie Ihre bereits erworbenen Talente und Fähigkeiten zur Geltung! Und begreifen Sie Ihre Bachelor- oder Masterarbeit als Ihre persönliche Chance: Nachdem Sie bisher fast ausschließlich eine Prüfung nach der anderen absolviert haben, steht nun endlich ein *Projekt – Ihr* Projekt! – an: Sie erhalten die Gelegenheit, an einer Stelle Ihres Fachgebietes *tiefer zu bohren*, selbständig und kreativ zu arbeiten. Dies führt wie von selbst dazu, dass Sie Ihre Kompetenzen weiterentwickeln und ausbauen werden.

Nichts formt eine Persönlichkeit und stärkt das Selbstbewusstsein mehr als eine erfolgreiche Arbeit, bei der um die Lösung einer Aufgabe oder eines Problems gerungen werden musste: Diese Ausbildung der Persönlichkeit ist der wahre Kern von Bildung und Wissenschaft.

Wissenschaft ist mehr als Fachwissen. Wissenschaft erfordert Generalisten mit vielfältigen Fähigkeiten – oder formulieren wir salopp: Wissenschaftler sind Allroundtalente.

Kapitel 2

Vom Geist der Wissenschaft

Die revolutionäre Entdeckung gelang – *ausgerechnet!* – während einer Vorlesung vor Studierenden. Ein kleines unmerkliches, mit dem menschlichen Auge kaum zu bemerkendes Zittern sollte die Technikwelt und damit unsere Welt nachhaltig verändern, wie dies wohl nur bei wenigen physikalisch-technischen Entdeckungen der Fall gewesen ist. Die Rede ist von einer kleinen Kompassnadel, die sich in der Nähe eines stromdurchflossenen Leiters befand. Dieser elektrische Leiter übte eine Kraftwirkung auf die magnetische Kompassnadel aus, was zu ihrer leichten Bewegung – einem Zittern – führte.

Der Entdecker war der dänische Physiker Hans Christian Ørsted (1777-1851). Die beschriebene Zufallsentdeckung war der Nachweis, dass Elektrizität und Magnetismus in direkter Beziehung zueinander stehen. Diese Entdeckung im Jahr 1820 begründete den Elektromagnetismus [Boët2006]. Daraus resultierten bahnbrechende Entwicklungen unter anderem in den Gebieten der Energieerzeugung, der elektrischen Antriebe und der Kommunikation.

Das Außergewöhnliche in der Entdeckung durch Ørsted besteht darin, dass die elektrische Leistung der damaligen Batterien und damit die resultierende magnetische Kraft des elektrischen Leiters ebenfalls sehr gering waren. Das beschriebene Zittern der Kompassnadel war nur äußerst schwer zu bemerken. Ørsted muss ein ungewöhnlich hohes

Maß an Aufmerksamkeit besessen haben, um die gemachte Beobachtung wahrzunehmen. Wir dürfen uns die Frage stellen, wieviel Entdeckerdrang und Demut Ørsted besessen haben muss. Und wäre – hypothetisch gefragt – eine solche filigrane Entdeckung in unserer heutigen lauten und von Reizen überfluteten Welt überhaupt noch denkbar?

In ihrem tiefsten Kern verleiht die Wissenschaft der menschlichen Neugier ihren Ausdruck: Neues entdecken, mehr wissen, mehr verstehen, mehr beherrschen. Dieser Drang nach Wissen spiegelt sich im Wortstamm von "**Wissenschaft**" wider: Es geht darum, Wissen zu <u>schaffen</u> oder zu er<u>schaffen</u>, sich mit Wissen zu be<u>schäftigen</u>.

Nicht jedem Wissenschaftler ist die Entdeckung des Elektromagnetismus vorbehalten, und nicht jeder Forscher wird mit dem Nobelpreis ausgezeichnet. Glücklicherweise gibt es viele Möglichkeiten, den Forscherdrang zu leben: Es geht in der Wissenschaft beileibe nicht nur um wegweisende Entdeckungen, sondern auch um Fortschritte beim Verstehen und Verbessern – beispielsweise von technischen Anwendungen. Ganz besonders die Ingenieurwissenschaften zeichnen sich durch eine starke erfinderische Komponente aus: Sie zielen nicht nur auf fundamentale Erkenntnisse ab, sondern sie begeben sich häufig auf die ideenreiche Suche nach neuartigen oder verbesserten Lösungen. Dieser schöpferische Prozess kann sehr motivierend wirken und Genugtuung verschaffen. Dies gilt in gleicher Weise für Bachelor- und Masterarbeiten in den ingenieurwissenschaftlichen Fächern, die oft spezifischen und anwendungsbezogenen Fragestellungen nachgehen: *Welchen Einfluss hat Langzeitparken auf die Batterie eines Elektromobils? Kann Simulation das Verhalten eines technischen Systems mit der erforderlichen Genauigkeit vorhersagen? Lässt sich der Durchsatz in einer Produktion mit intelligenter Maschinensteuerung erhöhen? Durch welche technischen Maßnahmen kann man die Energiebilanz eines Universitätsgebäudes verbessern?*

Wissenschaftliches Arbeiten und **Forschung** verfolgen das Ziel, das bestehende Wissen zu erweitern und zu vertiefen. Dies gilt allgemein sowohl für die zuvor benannten anwendungsbezogenen als auch für grundlegende Fragestellungen. Damit dies gelingt, müssen einige grundlegende Regeln[4] beachtet werden:

- Die Wissenschaft ist – idealisiert formuliert – die *Suche nach der Wahrheit*. Sie setzt eine **ehrliche** und **objektive** Grundhaltung ihrer Akteure voraus. Objektivität verlangt, eine selbstkritische Distanz zu den eigenen Forschungsergebnissen zu bewahren und diese regelmäßig zu hinterfragen. Unerwünschte Beobachtungen und Ergebnisse dürfen nicht verschwiegen werden. Falscher Ehrgeiz, Zeit- und Erfolgsdruck rechtfertigen keine Täuschungen wie Plagiate oder Datenfälschungen. Wissenschaftler sind für den Inhalt ihrer Arbeit verantwortlich. Ihre Glaubwürdigkeit und das Vertrauen in Ihre Person sind Ihr wertvollstes Kapital, das die Chance auf Zitierung und Verwertung Ihrer Ergebnisse vergrößert.

- Es ist ein Grundsatz in der Wissenschaft, **systematisch** und **genau** zu arbeiten. Die eingesetzten (Untersuchungs-)**Methoden** müssen **angemessen** sein. Planvolles und durchdachtes Vorgehen schafft die Voraussetzung für **Nachvollziehbarkeit** und **Verständlichkeit**.

- Wie andere Arbeitsprozesse auch, ist das wissenschaftliche Arbeiten dem Risiko von Fehlern, Irrtümern und der Selbsttäuschung ausgesetzt. Diese Risiken lassen sich niemals ganz ausschließen. Daher ist es ein Gebot, dass wissenschaftlich erarbeitete Ergebnisse

---

[4] Balzert et al. definieren einen umfassenden Katalog von zehn Qualitätskriterien bzw. Anforderungen, die für die Erstellung und Bewertung einer wissenschaftlichen Arbeit unverzichtbar sind [Balz2010].

transparent sein müssen: Die Offenlegung der Vorgehensweise und der erzielten Ergebnisse ist ein Muss, um eine unabhängige **Nachprüfbarkeit** zu ermöglichen. Daher ist es ein Grundprinzip der Wissenschaft, dass alle Ergebnisse einem Vorbehalt unterliegen, bis sie widerlegt oder endgültig bestätigt werden.

- Neu gewonnenes Wissen muss im Sinne des Nutzens von Wissenschaft und der Wissensvermehrung dokumentiert, kommuniziert und weitergegeben werden. Mit anderen Worten, das Wissen muss gewissermaßen *„von Kopf zu Kopf transportiert"* werden. Es zählt zum Kodex der Wissenschaften, wissenschaftliche Untersuchungen und Erkenntnisse zu **veröffentlichen** und damit in der wissenschaftlichen Fachwelt zur Diskussion zu stellen: in Fachzeitschriften und Büchern, in Vorträgen auf Tagungen und Konferenzen. Adressaten dieser Publikationen sind Wissenschaftler, Organisationen und Unternehmen, die Öffentlichkeit und interessierte Personen wie beispielsweise Kommilitonen. In der Veröffentlichung wird das genutzte Wissen angemessen gewürdigt, indem der sog. Stand der Technik (engl.: *state-of-the-art*) benannt wird. Mit der Veröffentlichung geht ein Qualitätssicherungsprozess einher: Bei vielen Publikationsformen muss die eingereichte Arbeit einen Begutachtungsprozess (engl.: *review process*) durchlaufen. Sog. *Peer Reviews* (dt.: *Gutachten von Gleichrangigen*) werden anonym von unabhängigen Gutachtern durchgeführt, um eine bestmögliche wissenschaftliche **Qualität** sicherzustellen.

- Ist das Wissen überprüft und etabliert, kann es vermittelt werden. Diese bedeutende Aufgabe obliegt der (wissenschaftlichen) **Lehre**, eine klassische Aufgabe der Hochschulen.

Nur wenn alle Wissenschaftsakteure diese Grundsätze beachten und einhalten, gelingt es, die *Suche nach der Wahrheit* voranzubringen. Wissenschaftler beziehen andere Wissenschaftler mit ein: durch Würdigung von deren Arbeiten, durch Information und fachlichen Austausch mit ihnen, durch Akzeptanz von Qualitätssicherung. Dadurch wird letztlich denkbarer Schaden für andere Wissenschaftler und deren wissenschaftliche Vorhaben vermieden.

Wir erkennen:

Im ursprünglichsten Sinne entspringt die Wissenschaft der menschlichen Neugier und spiegelt den Drang nach neuem Wissen wider. Dabei unterliegt sie nicht der Gefahr, marktschreierisch *„Land in Sicht"* zu rufen, sondern legt Wert darauf, behutsam und vorsichtig vorzugehen. Das neu entdeckte Land wird erstmal angelaufen und gründlich untersucht, bevor ein abgewogener und begründeter Bericht mit den gewonnenen Erkenntnissen verfasst wird. Unsichere Tatsachen und Spekulationen werden als solche ausgewiesen, dienen sie doch als Startpunkt für weitere wissenschaftliche Expeditionen.

Zu diesem Zweck unterwirft sich die Wissenschaft einem strengen Regelwerk, das bestrebt ist, Fehler und Irrtümer weitgehend auszuschließen. Dieses Regelwerk gilt natürlich auch für Ihre Bachelor- oder Masterarbeit. Sie werden nach einiger Zeit die Erfahrung sammeln, dass die Einhaltung wissenschaftlicher Regeln gut und einfach zu befolgen ist. Diese Regeln sind kein Anachronismus, sondern notwendig, um den Geist von Wissenschaft zu bewahren.

Übrigens erlag auch Hans Christian Ørsted nicht der Versuchung, seine Entdeckung auf dem Schiffsausguck *herauszuschreien*, etwa: *„Elektromagnetismus in Sicht!"* Stattdessen verfasste und veröffentlichte er seine Beobachtungen in der ehemaligen Wissenschaftssprache Latein [Achi1989], was zeitgenössische Forscher wie *Michael Faraday* und *André-Marie Ampère* vor Schwierigkeiten stellte, weil sie die Übersetzung aus dem Lateinischen abwarten mussten.

Kapitel 3

Die Sache mit der Kopfarbeit

Unter dem Begriff **Arbeit** wird oftmals eine körperliche Tätigkeit oder eine handwerkliche Verrichtung verstanden. Diese kann zu nutzstiftenden Produkten führen. Die Arbeit von Ingenieuren mündet in Konstruktionszeichnungen und technische Systeme, in Softwareprogramme für Computer, in Messaufbauten und elektronische Schaltungen, in schriftliche Gutachten und manches mehr. Die Ergebnisse dieser Ingenieurarbeit sind sichtbar, wir können sie *anfassen*. Nicht sichtbar und nicht greifbar ist die gedankliche und kreative, die kognitive und intellektuelle Leistung, die diesen sichtbaren Erzeugnissen vorausgeht. Bezeichnen wir diese gedankliche Leistung einmal als **Kopfarbeit**, um sie von der zuvor erwähnten **handwerklichen Arbeit** zu unterscheiden.

Wenn wir den Entstehungsprozess von Produkten, die Ingenieure erschaffen, näher analysieren, erkennen wir eine simples Muster: Denken – Tun – Denken – Tun. Ohne vorausgegangene Kopfarbeit gibt es kein Tun, ohne Denkleistung keine Ergebnisse. Diese Erkenntnis lässt sich ohne weiteres auf das **wissenschaftliche Arbeiten** übertragen: Auch der wissenschaftliche Arbeitsprozess unterliegt einer wechselnden Folge von Nachdenken und praktischem Tun. Diese alternierende Folge von Denken und Tun ist eine gute Nachricht, bedeutet sie doch, dass die Phasen konzentrierter und anstrengender Kopfarbeit immer wieder von praktischen und den Kopf entlastenden Tätigkeiten abgelöst werden. Diese Abwechslung kann die Motivation fördern. Beispielsweise besteht die schriftliche Anfertigung einer wissenschaftlichen Arbeit nicht nur aus konzentriertem Schreiben und Nachdenken, sondern wird immer von Routinetätigkeiten wie der Erstellung von Skizzen, Diagrammen und der Auswertung von Messergebnissen unterbrochen.

Wie sieht diese Kopfarbeit, diese Denkleistung, denn praktisch bei der wissenschaftlichen Arbeit aus? Die Kopfarbeit kann verschiedenste Formen und Ausprägungen haben: Es kann die Lektüre und das Verstehen eines Fachartikels sein, das Brainstorming für ein zu lösendes Problem, die Skizze einer Mindmap oder eines Diagramms, das Erstellen eines Konzepts, die Suche nach einem Algorithmus oder die Programmierung einer Software. Im Kern können wir sagen: In der Wissenschaft setzen wir ganz wesentlich unseren Kopf ein, um zu vorzeigbaren Ergebnissen zu kommen: Wir denken, wir denken nach, wir wägen ab, wir ziehen logische Schlüsse, wir suchen nach Lösungen.

Dies ist Grund genug, der Kopfarbeit – wir bleiben bei dem eingeführten Begriff – im wissenschaftlichen Kontext die angemessene Beachtung zu schenken und über ihre Bedeutung und ihr Gelingen nachzudenken. Gute Gedanken und Ideen kann man nicht erzwingen, Lösungen gibt es nicht per Knopfdruck. Kopfarbeit braucht Zeit, sie gelingt nicht auf Anhieb, nicht immer und nicht überall.

Es gibt keinen Grund, in Ehrfurcht zu erstarren oder gar zu verzweifeln: Das bisherige Studium hat Ihnen in erheblichem Umfang Kopfarbeit abverlangt – möglicherweise mehr, als Ihnen das bewusst ist. Sie haben Vorlesungen, Übungen, Praktika und Seminare besucht, in denen Sie sich in sehr knapp bemessener Zeit in die unterschiedlichsten Themen- und Aufgabenstellungen einarbeiten mussten. Sie waren gezwungen, Grundbegriffe und Definitionen zu lernen, Problemstellungen zu analysieren und in einen mathematischen Formalismus zu übertragen, Methoden zu verstehen, Formeln und Verfahren anzuwenden. Sie haben Aufgaben gelöst, obwohl Sie das dahinterstehende Fachgebiet nicht bis ins letzte Detail durchdrungen haben – ohne langjährige Erfahrung und Übung ist dies auch nicht immer möglich. Ihre bestandenen Prüfungen sind Bestätigung für Ihre erfolgreich erbrachte Denkleistung.

Es ist sehr wahrscheinlich und nur natürlich, dass Sie in Ihrem Studienverlauf die Erfahrung gemacht haben: Kopfarbeit kann herausfordernd und anstrengend sein, manchmal auch frustrierend. Zugegeben: Es ist nicht schön, wenn man längere Zeit händeringend nach einer Lösung sucht, eine Frage unbeantwortet bleibt, sich keine gescheite Idee einstellen will, man an seine Grenzen stößt. Das muss man erst mal aushalten können.

Dieser oft als schwierig empfundene Umgang mit offenen Fragen und ungelösten Aufgaben lässt sich mildern: Ein Notizbuch kann als *Auffangkorb* dienen, der Sie entlastet: Sie notieren sich nicht nur die unbeantwortete Fragestellung, sondern auch Ideen und bereits beschrittene Lösungswege. Damit übertragen Sie diesem Notizbuch die Aufgabe, die noch zu bearbeitenden Fragen und Aufgaben stellvertretend für Sie zu speichern. Sie selbst müssen gewissermaßen diese Last nicht mehr mit sich herumtragen. Und wenn Ihnen danach ist, schlagen Sie das Notizbuch auf und unternehmen einen neuen Anlauf zum Nachdenken.

Erfolgreiche Kopfarbeit ist individuell abhängig von der Tageszeit, von der eigenen Stimmung, von Umgebung und Ort. Versuchen Sie einmal, sich zu erinnern, zu welchen Zeiten und an welchen Orten Sie Lösungen für knifflige Fragen gefunden haben. Was waren der genaue Zeitpunkt und der Ort, an dem es *Klick* gemacht hat? Das Ergebnis Ihres Nachdenkens könnte beispielsweise sein (Tab. 1):

Ort / Tätigkeit	Stimmung / Umgebung
• beim Sport	• gelassen, entspannt
• in der Bibliothek	• Ruhe, keine Lärmstörung
• Kaffee-, Raucherpause	• leicht angespannt
• Spaziergang (evtl. mit Hund)	• ehrgeizig
• am Schreibtisch	• wohltemperierte Luft
• etc.	• etc.

Tab. 1 *Einfälle, hilfreiche Gedanken, erfolgreiche Lösungen*

Die naheliegende Schlussfolgerung ist: Schaffen Sie sich Freiräume – zeitlich wie örtlich –, die die Aussicht auf erfolgreiche Kopfarbeit steigern. Von der niederländisch-jüdischen Lehrerin Etty Hillesum ist der Rat überliefert [Klaa2002]:

> *„Manchmal ist das wichtigste an einem Tag die Pause zwischen zwei tiefen Atemzügen oder die innere Einkehr zum Gebet für fünf kurze Minuten."*

Und ist das wissenschaftliche Problem endlich gelöst, stellen wir fest: Es geht nichts über das Glücksgefühl, die Erleichterung und die Freude, wenn sich der heiß ersehnte *„heureka"*-Moment schließlich einstellt. In der Folge werden Ihre Zufriedenheit und Ihr Selbstvertrauen wachsen. Machen Sie sich daher diesen besonderen Moment bewusst, zelebrieren Sie ihn. Und die gefundene Lösung sollten Sie in dem besagten Notizbuch festhalten, das ja nun ebenso von der Last befreit wird und gleichzeitig als Merkhilfe für die spätere schriftliche Ausarbeitung der wissenschaftlichen Arbeit dient.

Fassen wir zusammen:

Kopfarbeit selbst ist nicht sichtbar, nur ihre Ergebnisse sind zu fassen. Wissenschaft und Kopfarbeit benötigen Zeit und Geduld. Kopfarbeit ist vor allem Arbeit: keine leichte Arbeit, sondern anstrengend, durchaus belastend. Man muss offene Fragen und ungelöste Probleme aushalten und mit sich herumtragen können. Es ist sinnvoll, für sich selbst herauszufinden, unter welchen Bedingungen diese Denkarbeit am besten gelingen kann.

Begreifen Sie Ihre wissenschaftliche Arbeit als eine Herausforderung zum eigenständigen Denken: Denken Sie mit, denken Sie nach, denken Sie quer. Der Erfolg entlohnt für die empfundene *Leidenszeit*. Und bei besonders *harten Nüssen* zögern Sie nicht, mit Ihrem Betreuer der Arbeit zu sprechen – Wissenschaft ist auf den fachlichen Diskurs angewiesen.

Das Denken ist eine spannende Reise, die Sie an viele schöne Orte führen wird, jedoch wird Ihnen auch manch unschöner Ausblick nicht erspart bleiben. Und wie es bei einer Reise oft der Fall ist: Ihre Persönlichkeit wird während dieser Reise reifen – die berühmte Erweiterung des Horizonts.

Und schließlich gilt in der Wissenschaft wie im Leben:

Erst nachdenken, dann loslegen.

Kapitel 4

Ein kleiner Schritt für einen Menschen

Ihre Bachelor- oder Masterarbeit mag Ihnen auf den ersten Blick wie eine weitere Prüfungsleistung inmitten einer nicht enden wollenden Prüfungskaskade erscheinen. Formal trifft dies zu: Sie können Ihre wissenschaftliche Arbeit als eine Prüfung unter vielen auf dem Weg zu Ihrem Studienabschluss betrachten. Doch führen Sie sich bewusst vor Augen: Von den Anforderungen her unterscheidet sich Ihr wissenschaftliches Forschungsprojekt – eingebettet in Ihr Studium – wesentlich von den übrigen Lehrveranstaltungen: Dort ist Lernen und Verstehen gefragt, bei der wissenschaftlichen Arbeit hingegen werden zusätzlich selbständiges wissenschaftliches Denken und Arbeiten, durchaus fächerübergreifend, mit Mut zu neuen Wegen verlangt. Und ein weiterer wichtiger Unterschied darf nicht übersehen werden: Das Gefühl der Freude und inneren Zufriedenheit, das sich durch einen Erfolg einstellt, ist bei einer Bachelor- oder Masterarbeit ungleich höher als bei einem *normalen* Studienmodul.

Aus den genannten Gründen ist die Auswahl eines geeigneten Themas[5] für Ihre Bachelor- oder Masterarbeit eine der wichtigsten, möglicher-

---

[5] Es ist beabsichtigt, dass die Themen- und Betreuersuche in diesem Buch in zwei getrennten Kapiteln behandelt werden. Dieses soll den Blick für die beiden unterschiedlichen Seiten der gleichen Medaille schärfen. Insbesondere soll mit dieser Betrachtungsweise auch die Option, mit einem vorgefassten Thema an einen Betreuer heranzutreten,

weise aber auch eine der schwierigsten Weichenstellungen bei Ihrer wissenschaftlichen Arbeit – nicht zu Unrecht könnte man auch von der *Qual der Wahl* sprechen. Damit dieser Entscheidungsprozess nicht tatsächlich zur Qual ausartet, sollten Sie sich ausreichend Zeit nehmen und rechtzeitig mit der Suche beginnen.

Bei der Themenwahl gibt es eine Reihe von Aspekten zu berücksichtigen. Der Wichtigste ist sicherlich, dass Sie ein Thema finden, das Sie anspornt und motiviert – man könnte auch sagen: ein Thema, für das Sie *brennen*. Ein motivierendes Thema und begeisterndes Ziel helfen am besten, mögliche schwierige Phasen Ihrer wissenschaftlichen Arbeit durchzustehen. Und denken Sie daran, wie lange Sie sich mit *Ihrem* Thema beschäftigen und sich darin vertiefen werden. Die Entscheidung sollte also wohl durchdacht sein.

Um ein solches Thema zu identifizieren, empfiehlt es sich, dass Sie sich zuerst auf die Spur Ihrer eigenen Interessen und Vorlieben, aber auch Ihrer Vorkenntnisse und Erfahrungen begeben. Welche Fachgebiete und Fragestellungen sind Ihnen schon begegnet? Hat Sie etwas länger beschäftigt und interessiert? Durchleuchten Sie Ihren Ausbildungsweg, denken Sie an alle Bereiche wie Ihre berufliche Ausbildung, Ihre Vertiefungsrichtung im Studium einschließlich der gewählten Wahlpflichtmodule, Ihre Stelle als studentische oder wissenschaftliche Hilfskraft und an einschlägige Praktika während Ihres Studiums. Aber auch Hobbys wie die Beschäftigung mit Elektronik oder die Programmierung von Computern können wertvolle Hinweisgeber für geeignete Bachelor- und Masterarbeitsthemen sein. Welchen Bereich möchten Sie vertiefen? Wo verspüren Sie den Wunsch, etwas dazuzulernen, so dass Ihr erworbenes Studienwissen bereichert wird?

---

ins Blickfeld rücken – ein Ansatz, der von Betreuern durchaus gerne angenommen wird, weil die intrinsische Motivation eines Studierenden für ein Thema durch nichts aufzuwiegen ist.

Über das bisher geschilderte Vorgehen hinaus können Sie eine ganz andere Herangehensweise bei der Themensuche erwägen: Denken Sie doch einmal über die Möglichkeit nach, mit Ihrer Arbeit Nutzen zu stiften und diese gewinnbringend einzusetzen. *Wie können Sie die Welt retten?*[6] *Oder wie wäre es mit einer Themenstellung, die anderen Menschen das Leben erleichtert – beispielsweise in der Medizintechnik? Vielleicht steckt ein Unternehmen in Ihrer Region in einer Krise, für das Sie eine Lösung finden? Können Sie einer Kommune bei der Lösung ihrer Verkehrsprobleme helfen?* Sie erahnen es schon: Das Aufgreifen realer Fragestellungen weckt Interesse und gewinnt Interessenten. Wissenschaftliche Fragen können anwendungs- und wirklichkeitsbezogen sein. Dies ist erwünscht und bewahrt vor dem vielzitierten *Elfenbeinturm*. Das Interesse an Ihrer Arbeit kann auch zu Interesse an Ihrer Person führen. Für Ihren späteren Bewerbungsprozess kann sich dies vorteilhaft bemerkbar machen.

Generell gilt: Der Anwendungsbezug Ihrer Bachelor- oder Masterarbeit verschafft Ihnen gleich zwei Vorteile. 1. Aus der Anwendung lässt sich unmittelbar der Nutzen Ihrer Arbeit ableiten. Sie finden eine neue Lösung, die bisher noch nicht erprobt wurde, Ihre Arbeitsergebnisse zeigen eine praktikable und wirksame Kosten- oder Energieersparnis auf, oder Sie treffen belastbare Aussagen zu technischen Zukunftsfragen wie beispielsweise der Mobilität. Dieser Nutzen kann sowohl für die Gesellschaft als auch für Wirtschaftsunternehmen und Behörden relevant sein. 2. Sie können Ihr im bisherigen Studium erworbenes theoretisches Wissen bei einer praktischen Fragestellung einsetzen und vertiefen. Gerade diese Verbindung von Theorie und Praxis fördert das Lernen und die Motivation nachhaltig.

---

[6] Ad Weltrettung: *"Plastikmüll im Ozean - Marcella Hansch will das Meer retten"* - [Spie2018].

Wir halten als Resümee fest:

Die Bachelor- oder Masterarbeit unterscheidet sich von den anderen Studienmodulen: Sie sind gefordert, *aktiv* wissenschaftlich zu arbeiten, Sie werden sozusagen *Akteur der Wissenschaft*. Die Wahl eines Sie motivierenden Themas, das Ihre persönlichen Interessen reflektiert, hilft Ihnen, Ihre Arbeit als *Ihr persönliches* Projekt aufzufassen. Es fällt Ihnen leichter, den Anforderungen des wissenschaftlichen Arbeitens gerecht zu werden.

Es kann durchaus als Privileg empfunden werden, über einen gewissen Zeitraum hinweg konzentriert an einem Thema zu arbeiten. Und vielleicht wagen Sie es, mit Ihrer Arbeit das Ziel zu verfolgen, der Menschheit zu helfen – ganz im Sinne des US-amerikanischen Astronauten Neil Armstrong [Wiki2018]: *„Das ist ein kleiner Schritt für den Menschen … ein … riesiger Sprung für die Menschheit."*

Kapitel 5

Lebensabschnittspartnerschaft

Führen wir uns einmal bewusst die verschiedenen Funktionen und Rollen vor Augen, die der Betreuer[7] Ihrer Bachelor- oder Masterarbeit übernimmt:

- Ihr Betreuer ist **Fachmann**, der Sie mit seiner Expertise in Ihre Aufgabenstellung einweist, der Sie fachlich berät, Sachfragen stellt und fachliche Kritik an Ihrer Arbeit übt. Er ist – bezogen auf Ihr Fachgebiet – Ihr *Sparringspartner*, mit dem Sie einen fachlichen Diskurs führen. Dieser fachliche Austausch ist unverzichtbar für die Entwicklung Ihrer wissenschaftlichen Arbeit – Wissenschaft lebt von diesem fachlichen Diskurs.

- Sie bilden mit Ihrem Betreuer ein **Team**: Der Betreuer fungiert als **Coach**, Sie als **Coachee**. Es wäre falsch, von einem hierarchisch geprägten Verhältnis auszugehen: Beide Rollen sind gleichberechtigt, denn der Betreuer besitzt in der Regel ein besonderes Interesse an

---

[7] Als Betreuer kommen in der Regel Professoren, wissenschaftliche Mitarbeiter oder Doktoranden, aber in Einzelfällen auch Ingenieure mit Diplom- oder Masterabschluss in Betracht. Diese Gruppe verschiedener Personen werden hier durchgängig als Betreuer bezeichnet.

den Ergebnissen Ihrer Arbeit[8]. Der Coach führt Sie durch Ihr Forschungsprojekt, richtet Fragen an Sie, formuliert Ziele und hilft damit, Ihren Arbeitsprozess zu strukturieren und Sie gegebenenfalls auf die richtige Spur (zurück) zu bringen. Ihr Betreuer übernimmt eine Rolle als – sagen wir – *Mentor* oder *Begleiter*. Zur Aufgabenbeschreibung des Betreuers zählt auch, Ihnen über Motivationstäler hinwegzuhelfen und Sie, wenn es einmal angebracht ist, anzutreiben.

- Und schließlich ist der Betreuer der **Prüfer** Ihrer Arbeit: Sie dürfen eine faire und objektive Beurteilung Ihrer wissenschaftlichen Arbeit erwarten. Ihr Betreuer bewertet Ihre Arbeitsleistung, Ihre Herangehensweise, die Originalität Ihrer Lösungen, Ihre schriftliche Ausarbeitung und manches mehr. In dieser Rolle wirkt er wie ein unabhängiger Richter, der zu einem möglichst objektiven Urteil kommen soll. Und es können während der Arbeit unerwartete Situationen eintreten: Die Lieferung eines Bauteils bleibt aus, ein Teil der Aufgabenstellung lässt sich nicht in der geplanten Weise umsetzen, oder die gestellte Aufgabe erweist sich gar als zu umfangreich. Auch in diesen Fällen sind Sie auf eine faire und objektive Behandlung durch Ihren Betreuer angewiesen. In dieser Prüfungssituation tritt Ihre Abhängigkeit vom Betreuer am stärksten zutage.

Fassen wir zusammen: Ihr Betreuer muss fachlich kompetent sein, sollte aber genauso an Ihnen als Student und als Mensch interessiert sein, um Sie im Rahmen Ihrer wissenschaftlichen Arbeit zu führen und zu formen. Und schließlich soll er noch kraft seiner Objektivität zu einer fairen Bewertung kommen.

---

[8] Im englischsprachigen Raum wird der Betreuer gerne als *Supervisor* bezeichnet. Übersetzt bedeutet dieses etwa *Vorgesetzter* oder *Aufseher*. Im Sinne eines hierarchiefreien Teams ist diese Bezeichnung nicht glücklich gewählt.

Ganz schön viele Rollen, ganz schön viele Kompetenzen. Und sein wir ehrlich: Zuallererst ist Ihr Betreuer auch *nur* ein Mensch, von dem Sie sich erhoffen, dass er die genannten Rollen gleichermaßen gut ausfüllt und Sie in allen Belangen Ihres Forschungsprojektes unterstützt. Dies ist Anlass, einmal darüber nachzudenken, wie wir einen solchen geeigneten Menschen und Betreuer ausfindig machen. Auch wenn die Wahl Ihres Themas und die Wahl eines geeigneten Betreuers untrennbar miteinander verknüpft sind, wollen wir uns bei den folgenden Überlegungen auf die Suche nach einem Betreuer konzentrieren.

Die Zusammenarbeit zweier Menschen ist dann erfolgreich, wenn sie von gegenseitigem Vertrauen geprägt ist. Ein Leitgedanke bei Ihren Überlegungen sollte daher sein, wie Sie es schaffen können, mit Ihrem Betreuer eine gemeinsame Vertrauensbasis zu legen. Dies erfordert Zeit, mitunter eines oder mehrere persönliche Gespräche, in denen Sie nicht nur Fachfragen thematisieren, sondern auch einen Umgang miteinander verabreden, auf den sich beide Parteien verlassen können.

Und vielleicht denken Sie einmal darüber nach, wie viele Stunden oder Tage Sie mit Ihrem Betreuer zu tun haben werden und miteinander auskommen müssen. *Die Chemie zwischen Ihnen und Ihrem Betreuer muss stimmen.* Daher gilt: **Ein persönliches Vorbereitungsgespräch ist durch nichts zu ersetzen.** Sie sollten einen Termin für ein persönliches Gespräch mit dem Betreuer, für dessen Themengebiet Sie sich interessieren, vereinbaren und dafür genügend Zeit einplanen. Allein die Vorbereitung eines solchen Gespräches nimmt schon einige Zeit in Anspruch. Sie sollten dabei drei wesentliche Aspekte bedenken: 1. Vorwissen zum Betreuer und zum Themengebiet, 2. zu klärender Fragenkatalog, und 3. Zusammenarbeit mit dem Betreuer.

Was wissen Sie schon?	• Hatten Sie schon in einer Lehrveranstaltung Kontakt mit dem Betreuer und seinem Fachgebiet? Helfen Ihnen die dort verteilten Unterlagen weiter?
	• Befragen Sie Kommilitonen, die bei diesem Betreuer schon ihre Arbeiten durchgeführt haben. Welche Erfahrungen haben sie gemacht?
	• Nutzen Sie das Internet oder Intranet als Quelle über ihren potentiellen Betreuer und sein Fachgebiet.
Was wollen Sie klären?	• Notieren Sie sich im Vorfeld sämtliche Fragen. Machen Sie sich während des Gesprächs Notizen.
Was sind die Interessen des Betreuers am Thema?	• Was ist der Antrieb des Betreuers, das Thema und die Aufgabe zu stellen? Ist es wissenschaftliches Interesse? Steckt ein Forschungsprojekt oder eine Industriekooperation dahinter? Bis wann werden die Ergebnisse benötigt?
Wie erfolgt die Zusammenarbeit zwischen Ihnen und dem Betreuer?	• Wie erfolgt der fachliche Austausch? Wie erfolgt die Einarbeitung?
	• Welcher Grad an Selbständigkeit wird von Ihnen erwartet? In welcher Form ist der Betreuer bereit, Hilfestellung zu gewähren?
	• Gibt es einen regelmäßigen – z.B. wöchentlichen – Jour Fixe? Erfolgt dieser zu zweit oder in der Gruppe?
	• Wie viele Studierende gleichzeitig betreut der Betreuer? Gibt es eine Verbindung zu den anderen Themen?
	• Bietet der Betreuer ein Korrekturlesen der schriftlichen Arbeit <u>vor</u> der Einreichung an? Beeinflusst das die Note?

Tab. 2 *Vorbereitungsleitfaden für ein Gespräch mit potentiellen Betreuern*

Nach einem solchen Gespräch können durchaus noch Fragen bei Ihnen aufkommen. Scheuen Sie sich nicht, um eine Folgegespräch zu bitten. Die Zeit und das Engagement, die Ihnen in diesen Gesprächen entgegengebracht werden, können als Indikatoren für die zu erwartende Qualität der Betreuung Ihrer Arbeit dienen.

Es ist generell sinnvoll, mit mehreren potenziellen Betreuern Gespräche zu führen. Sie werden schnell Unterschiede nicht nur bei den Themen und Aufgaben, sondern auch bei Fragen des Umgangs miteinander und der Zusammenarbeit feststellen. Damit fällt es Ihnen leichter, die Angebote der Betreuung miteinander zu vergleichen.

| Beantworten Sie sich ehrlich die nebenstehenden Fragen: | • Passen die Rahmenbedingungen? Ist das Ziel der Arbeit klar geworden? Ist eine Lösung im geplanten Zeitrahmen realistisch?
 • Ging der Betreuer auf meine Fragen ein? Ist ihm die Aufgabe selbst wichtig? Warum? Kann ich von ihm Unterstützung erwarten? Wie stellt er sich die Form der Zusammenarbeit vor?
 • Stimmt die „Chemie" mit dem Betreuer? |

Tab. 3 *Nachbereitung des Gesprächs mit dem Betreuer*

Die beschriebenen Gespräche sollten Sie sowohl bei Hochschulinternen Arbeiten als auch bei Arbeiten, die Sie außerhalb der Hochschule – etwa in Industrieunternehmen oder Behörden – verwirklichen wollen, führen. Auch für die Fälle, dass entweder Sie von einem möglichen Betreuer angesprochen werden oder dass Sie mit einem eigenen Themenwunsch an einen Betreuer herantreten, sollten Sie die Zeit für die Gespräche immer investieren. Das Interesse an der Arbeit sollte auf beiden Seiten bestehen, aber auch die vielen Fragen um die Zusammenarbeit müssen im gegenseitigen Einvernehmen geklärt werden.

Unsere Schlussfolgerungen sind:

Sie und Ihr Betreuer bilden ein Team, um gemeinsam ein wissenschaftliches Ziel zu verfolgen. Die Wahl eines geeigneten und zu Ihnen passenden Betreuers ist gewiss eine ganz entscheidende Weichenstellung für Ihre Bachelor- oder Masterarbeit. Sie arbeiten mit Ihrem Betreuer über einen längeren Zeitraum zusammen, dazu noch während einer besonderen Phase Ihres Studiums.

Nehmen Sie sich daher die Zeit, Gespräche mit mehreren in Frage kommenden Betreuern zu führen. Und scheuen Sie sich nicht, die Ihnen wichtigen Fragen zu stellen. Die Vertrauensbildung stellt die wichtigste Voraussetzung für diese Zusammenarbeit dar. Behandeln Sie die diese Wahl wie eine Partnerschaft – oder präziser: wie eine *Lebensabschnittspartnerschaft*.

Kapitel 6

Ein Projekt – kein Abenteuer!

Eine wissenschaftliche Arbeit besteht aus einer Vielzahl ganz unterschiedlicher Aktivitäten (*vgl. Kap. 1*). Zahlreiche ungelöste Fragen werden Ihre Dauerbegleiter sein. Die inneren Abhängigkeiten dieser Fragen sind nicht immer auf den ersten Blick zu durchschauen. Und der Zeitaufwand für die einzelnen Aufgaben ist schwer abschätzbar. Um den Überblick zu bewahren, sollten Sie Ihrer Arbeit frühzeitig eine gedankliche und planerische Struktur geben. Bachelor- und Masterarbeiten erfüllen die klassischen Kriterien eines **Projektes**:

- Die verfügbaren **Ressourcen** sind **limitiert**:

  - Es besteht eine zeitliche Begrenzung, d.h. Start- und Zieltermin (d.h. Anmeldung und Abgabe der Arbeit) stehen fest.

  - Die finanziellen Sachmittel für Beschaffungen sind begrenzt.

  - Die personellen Ressourcen sind begrenzt. In den meisten Fällen sind Sie das und in gewissem Umfang Ihr Betreuer, der Sie fachlich berät und vielleicht auch aktiv an Ihrem Projekt mitarbeitet. Möglicherweise arbeitet Ihnen ein Labortechniker zu. In seltenen Fällen könnten auch andere Studierende an einem gemeinsamen Projekt mitwirken. Die Teilaufgaben werden dann der jeweiligen Bachelor- oder Masterarbeit zugeordnet.

- Ein **Projekt** lässt sich **nicht routinemäßig** durchführen. Unvorhergesehene Probleme sind an der Tagesordnung. Das Projekt ist in seiner Anlage einzigartig und spiegelt so das wissenschaftliche Neuland wider, das Sie betreten.

- **Projekte** können **interdisziplinär** sein. Dies gilt durchaus auch für zahlreiche wissenschaftliche Forschungsprojekte.

Es empfiehlt sich, dass Sie Ihre wissenschaftliche Arbeit als Projekt auffassen. Eine solche Herangehensweise verschafft Ihnen einige Vorteile:

1. Ein Projekt ist eine Unternehmung, ein Vorhaben, das in die Zukunft weist, innovativ und – durchaus – auch mit Risiken behaftet ist. Sie stehen als Projektleiter im Zentrum dieser Unternehmung. Das Projekt liegt in *Ihrer* Verantwortung. Ist das Projekt erfolgreich, wird dies ganz sicher Ihr Selbstvertrauen stärken und Ihre Reputation und Wertschätzung in der Wissenschaftswelt vergrößern. *Warum eigentlich nicht?* Denken Sie doch einmal darüber nach, ob Sie in Ihre Projektplanung eine Publikation aufnehmen, die Sie in der letzten Phase Ihres Projektes erstellen und beispielsweise bei einer Tagung einreichen wollen? *Think big.*

2. Das Projektziel legt das strategische Vorgehen im Projekt fest. Am Projektziel lässt sich aber auch der Nutzen eines Projektes ablesen. Haben Sie den Ehrgeiz, dass Ihr Projektziel von *jedermann* verstanden wird? Von Ihrer Familie, von Freunden und Kommilitonen, von Ihren Nachbarn? Bei ingenieurwissenschaftlichen Aufgabenstellungen fällt dies gar nicht leicht. Die Übersetzung der technischen Aufgabe in eine allgemeinverständliche Formel erfordert mitunter Zeit, die es sich zu investieren lohnt. Der Gründer und *Chief Executive Officer* (*CEO*) des amerikanischen Computerunternehmens *Apple Inc.*, Steve Jobs, war ein Meister in dieser Disziplin. Legendär ist sein

Satz bei der Einführung des Smartphone-Modells *iPhone* [Farb2007]:

> *Today Apple is going to reinvent the phone.*

3. Eine Struktur sorgt für Ordnung: Während der Projektlaufzeit kann jederzeit die Notwendigkeit entstehen, eine zusätzliche, bisher nicht bedachte Teilaufgabe zu bearbeiten oder einen neuen Aspekt zu untersuchen. Diese müssen in den Projektablauf sinnvoll und durchführbar eingeplant werden, damit sie nicht in Vergessenheit geraten und erledigt werden können. Überblick und eine gesunde Struktur helfen Ihnen dabei, eine sinnvolle Entscheidung zu treffen.

4. Jedes Projekt hat mehrere Interessenten, die von den Ergebnissen Ihres Projektes profitieren. In vielen Fällen ist dies zuerst Ihr Betreuer, der die Ergebnisse Ihrer Arbeit für seine – meist übergeordnete – Aufgabenstellung benötigt. Oder das Unternehmen, in dem Sie Ihre – dann externe – Arbeit durchführen. Noch weiter gedacht, kann die Gesellschaft besonderes Interesse an Ihrer wissenschaftlichen Untersuchung haben. Betreuer, Unternehmen und Gesellschaft sind Interessenten oder sog. *Stakeholder* Ihrer Arbeit: Machen Sie sich frühzeitig Gedanken, wie Sie mit Ihrem Projekt Nutzen stiften könnten (*vgl. Kap. 4*). Wenn es Ihnen gelingt, solche Überlegungen in Ihre Projektziele aufzunehmen, wird dies Ihre Arbeit aufwerten.

Ein denkbares und recht typisches Korsett – bestehend aus Projektphasen und Projektmeilensteinen – für Ihren Projektplan ist in Abb. 2 dargestellt:

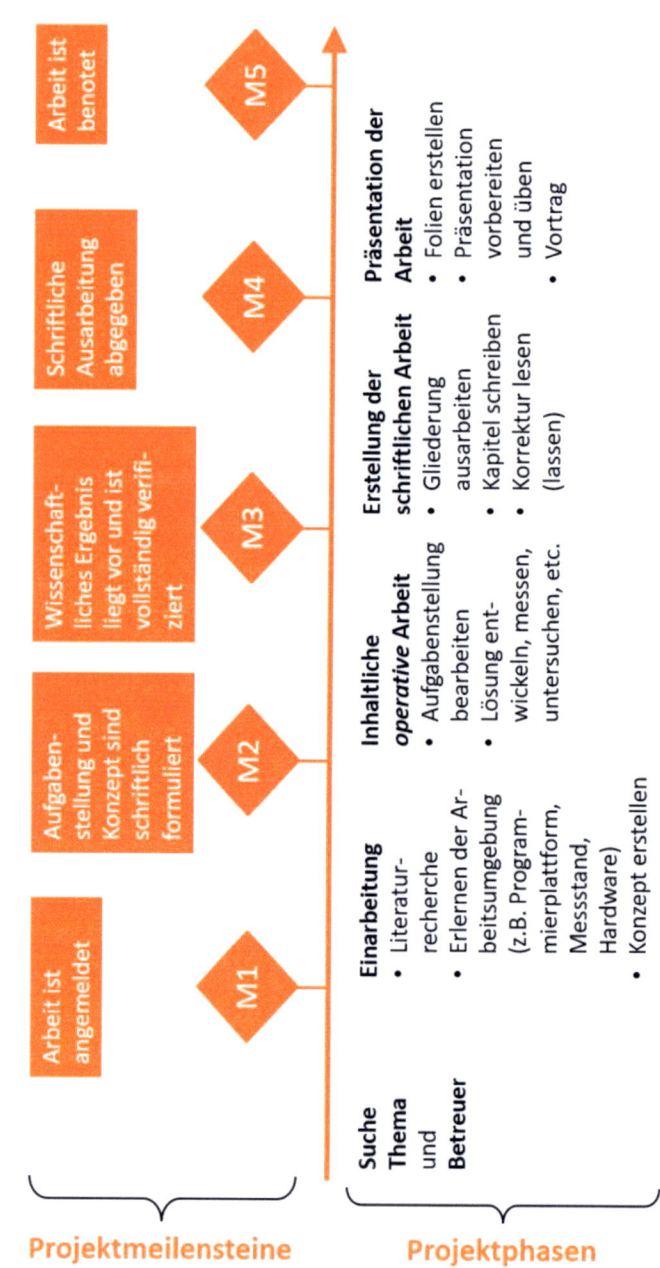

Abb. 2 *Exemplarischer Projektablauf einer Bachelor- oder Masterarbeit*

In Kenntnis dieses schematischen Projektablaufs fallen für Sie einige notwendige Aufgaben an:

Ziele setzen	Ziele sind Ergebnisse, die Sie erreichen wollen. Je konkreter das Ziel, desto klarer ist die Aufgabe spezifiziert, die zur Zielerreichung führt.
Meilensteine definieren	Ein Meilenstein besteht aus einer Reihe von Zielen, die erreicht werden müssen.
Arbeitspakete definieren	Es ist zweckmäßig, die Arbeit in übersichtliche Arbeitseinheiten zu unterteilen.
Zeitdauer abschätzen	Die Abschätzung der Zeitaufwände für die einzelnen Arbeitspakete und die Projektphasen zwischen zwei Meilensteinen muss getroffen werden.
Arbeitsfortschritt regelmäßig prüfen	Der Arbeits- und Projektfortschritt muss regelmäßig kritisch geprüft werden. Bei Abweichungen vom Plan muss mit Maßnahmen reagiert werden.
Abstimmung mit Betreuer	Die Projektsteuerung (Soll-Ist-Vergleich) sollten Sie regelmäßig mit dem Betreuer Ihrer Arbeit besprechen.

Tab. 4 *Aufgaben zur Projektplanung*

Ziele setzen. Ziele sind für die Strukturierung Ihrer Arbeit und Ihre Motivation unverzichtbar. Es gibt verschiedene Arten von Zielen:

- **Tagesziele**: Was wollen Sie am Ende eines Tages erreicht haben? Tagesziele, die erreicht werden, schaffen Zufriedenheit und legen die Motivation für die nächsten Tage.

- **Meilensteine**: Was wollen Sie bei Erreichung eines Meilensteins vorweisen können? Dieses Vorgehen schafft Nachprüfbarkeit für den Betreuer und legt damit eine Vertrauensbasis.

- **Projektziel**: Was konkret wollen Sie mit Ihrer Bachelor- oder Masterarbeit erreichen? Projektziele bilden den *Roten Faden* Ihrer Arbeit und kreieren Motivation.

Zielsetzung heißt, klare Ziele zu finden, die von allen beteiligten Parteien verstanden und akzeptiert werden. Es hat sich bewährt, konkrete und realistische Ziele zu formulieren: sog. **SMART**e Ziele [Dora1981]:

Spezifisch	• *Unspezifisch: Ich will sportlicher werden. Ich will eine erfolgreiche Bachelorarbeit erstellen.* • *Spezifisch: Ich fahre ab sofort mit dem Fahrrad zur Uni. Ich will meine Bachelor-Arbeit bis zum 30.06. abgeben und als Prüfungsnote mindestens eine 1,3 erreichen.*
Messbar	Woran machen Sie das Erreichen des Ziels fest? • *Die Software soll in der vorgegebenen Test- oder Referenzumgebung keine Bugs aufweisen.*

Attraktiv	• Wenn für Sie ein Ziel nicht erstrebenswert ist, ist es kein Ziel.
Realistisch	Vermeiden Sie Luftschlösser!
	• *Ich will mit meiner Bachelorarbeit den Nobelpreis gewinnen.*
Terminbezogen	Wie viel Zeit geben Sie sich?
	• *Ich will bis 31.03. ...*

Wenn Sie ein Ziel erreicht haben, führen Sie sich dies bewusst vor Augen. Jede bewältigte Etappe ist ein Erfolg, sich freuen ist erlaubt und erwünscht.

Arbeitspakete definieren. Arbeitspakete sind in sich sinnvoll zu bewältigende Aufgaben, die klar spezifizierte Ergebnisse oder Produkte realisieren und hervorbringen sollen. Sie weisen eindeutige *Schnittstellen* zu zeitlich vorausgehenden oder nachfolgenden Arbeitspaketen auf, und sie zeichnen sich durch ihre Überschaubarkeit aus. Jedes Arbeitspaket besitzt darüber hinaus einen Starttermin und eine Laufzeit, die zu Projektbeginn abzuschätzen ist, um es angemessen in der Planung zu berücksichtigen.

Zeitdauer abschätzen. Es ist alles andere als einfach, die Dauer einer nicht routinemäßigen Aufgabe einzuschätzen. Dies gilt besonders dann, wenn Sie in dieser Disziplin noch wenig oder gar keine Erfahrung besitzen. Bei einer wissenschaftlichen Arbeit mit vielen offenen Fragen ist dies naturgemäß der Fall. Befragen Sie doch Studierende höherer Semester, die eine ähnliche Aufgabe absolviert haben und die Ihnen von

Ihren Erfahrungen berichten können. Und natürlich sollte Ihr Betreuer eine wichtige Anlaufstelle sein, mit dem Sie Ihren Zeitplan erörtern.

Auch bei der Zeitplanung gilt: Vermeiden Sie unrealistische und nicht attraktive Ziele. Hier lauert eine besondere Gefahr, weil der Start und der Abgabetermin Ihrer Arbeit von Beginn an feststehen und so das Zeitbudget fest begrenzen. Falscher Ehrgeiz kann zu einer Selbstüberschätzung und damit zu Frustration führen. Es ist daher ratsam, für die niemals ganz auszuräumenden Planungsunsicherheiten einen *Zeitpuffer* einzubauen.

Es ist weder machbar noch erstrebenswert, dass Sie sich für Ihre zweiwöchige Literaturrecherche die tiefgehende Lektüre von 17 Fachartikeln und fünf Büchern vornehmen. Ein solcher Umfang lässt sich bestenfalls oberflächlich und mit *Querlesen* aufnehmen und verarbeiten. Ebenso wenig klingt es motivierend und wirklichkeitsnah, wenn Sie für die 80-seitige schriftliche Ausarbeitung Ihrer wissenschaftlichen Arbeit nur drei Wochen veranschlagen. – Beide Beispiele sind selbstverständlich ins Verhältnis zu Ihren individuellen Talenten, Ihren Kompetenzen und persönlichen Erfahrungen zu setzen. Es gibt Studierende, die man als *Schnellleser* und *Schnellschreiber* bezeichnen kann, anderen Studierenden wiederum fällt so etwas schwer.

Arbeitsfortschritt prüfen und mit Betreuer abstimmen. Es ist bei weitem keine Selbstverständlichkeit, dass ein Projekt reibungslos und ohne Schwierigkeiten abläuft. Nicht bedachte Fragen und unerwartete Probleme sind in Forschungsprojekten regelmäßig an der Tagesordnung. Daher genügt es nicht nur zu planen: Ein *Controlling* ist notwendig. Wenn Sie Ihr Projektziel zuverlässig erreichen wollen, sollten Sie die Erreichung Ihrer Ziele einschließlich der gesetzten Termine regelmäßig überprüfen. Der Grund liegt auf der Hand: Bei Abweichungen von der Zeitplanung müssen Sie reagieren – oder sagen wir: *gegensteu-*

ern. Die Möglichkeit, ein Projekt zu steuern, macht seine Planung unverzichtbar. Denkbare zu ergreifende Maßnahmen können sein:

- Wegfall von Arbeitspaketen, sofern dies der Themenstellung nicht entgegensteht. Dies ist übrigens ein schlagkräftiges Argument dafür, in einem gewissen Rahmen einen flexiblen Titel für Ihre wissenschaftliche Arbeit zu wählen.

- Wegfall von Zielen, um den Aufwand einzelner Arbeitspakete zu reduzieren.

- Die *Ultima Ratio* ist die Verlängerung der Arbeit – d.h. ein späterer Abgabetermin –, die prüfungsrechtlich aber oft engen Grenzen unterliegt: Die Arbeit kann weder beliebig lang noch beliebig oft verlängert werden.

Derartige Maßnahmen müssen Sie mit Ihrem Betreuer beraten und entscheiden. Dies fällt möglicherweise nicht immer ganz leicht, jedoch wäre es falsch, auftretende Probleme als eigene Schwäche anzusehen oder gar zu verschweigen. Der offene Umgang mit unerwarteten Schwierigkeiten zeugt von Souveränität und entspricht einer unverzichtbaren Geisteshaltung in der Wissenschaft: der Ehrlichkeit (*vgl. Kap. 2*).

Damit kein falscher Eindruck entsteht: Das vorbeugende Controlling ist bei studentischen wissenschaftlichen Arbeiten meist viel einfacher als Sie vielleicht befürchten. Im Rahmen Ihres Projektes genügen zwei wirkungsvolle Controlling-Maßnahmen, die mit meist geringem Zeitaufwand durchführbar sind und die Sie vor größeren Risiken bewahren. Sie zeigen die Auswirkung von Fehleinschätzungen frühzeitig an und mindern deren Auswirkung auf den Verlauf Ihres Projektes:

1. Der **kritische Projektlaufpfad** ist der **längste Pfad** bei den zu bewältigenden Projektaufgaben. Er bestimmt die minimal zu erwartende Projektlaufzeit bzw. die Projektdauer. Jede Verzögerung eines Arbeitspaketes, die entlang dieses kritischen Pfades eintritt, bedeutet zwangsläufig eine Projektverzögerung. Die Kenntnis und das regelmäßige *Monitoring* des kritischen Projektlaufpfades helfen, Projektverzögerungen frühzeitig zu erkennen.

Um den kritischen Pfad zu identifizieren, ist es notwendig, die Abhängigkeiten der einzelnen Arbeitspakete Ihres Projektes zu verstehen. Dies kann man anhand einfacher *Wenn-Dann-Beziehungen* erreichen: *Wenn eine Voraussetzung erfüllt ist, dann kann der nächste Arbeitsschritt begonnen werden.*

Bei einer wissenschaftlichen Arbeit mit begrenzten Ressourcen und Arbeitspaketen ist dies eine überschaubare und machbare Aufgabe. Identifizieren Sie den kritischen Pfad und prüfen ihn etwa einmal in der Woche, um festzustellen, wie es um den Zeitplan Ihres Projektes steht. Ein Beispiel für einen solchen kritischen Pfad bei einer wissenschaftlichen Arbeit ist in Abb. 3 dargestellt:

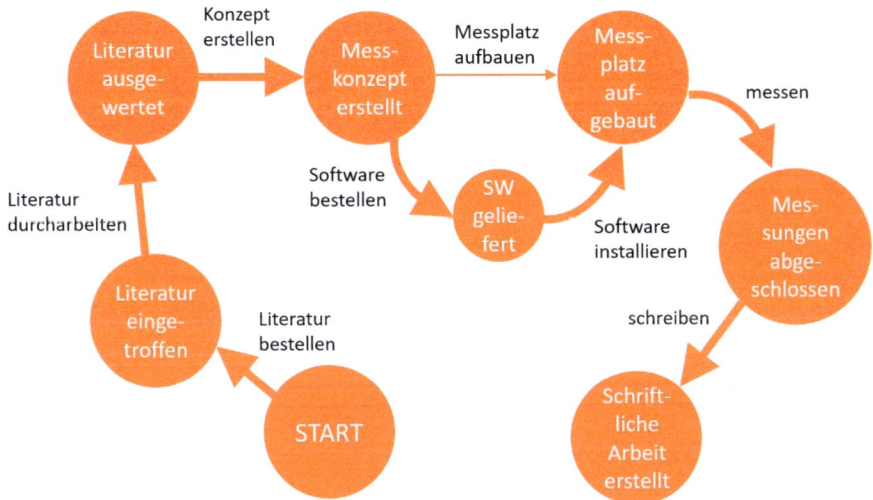

Abb. 3 *Beispiel für einen kritischen Pfad (dicke Pfeile): Eine verspätete Softwarelieferung verzögert das Projekt.*

2. Ein Projekt besteht aus vielerlei **Risiken**. Dies klingt auf den ersten Blick bedrohlich, ist jedoch eine in Projekten alltägliche Situation. Es hilft schon, wenn Sie sich diese Risiken einmal vor Augen führen. Vermutlich gibt es mehr Risiken als man vermuten würde – einige Beispiele:

- *Sie erkranken.*
- *Ihr Betreuer erkrankt.*
- *Eine zugesagte Software- oder Hardwarelieferung verzögert sich.*
- *Ein Messgerät ist defekt.*
- *Ihr Messkonzept beinhaltet einen Denkfehler.*
- *Der Messplatz funktioniert nicht, die Fehlersuche gestaltet sich schwieriger und langwieriger als vermutet.*

Eine Technik zur Risikobewertung entnehmen wir der sog. *Fehlermög-lichkeits- und -einflussanalyse* (FMEA), die ein Instrument in der Quali-tätssicherung darstellt [Werd2012]. Dort werden Zahlenwerte für jedes anzunehmende Risiko nach einem festgelegten Vorgehen berechnet. Die Risiken mit den größten Werten – beispielsweise die drei größten Werte – werden im Projektverlauf besonders beachtet und einem re-gelmäßigen *Monitoring* unterzogen.

Um den Wert eines Risikos (R) zu ermitteln, wird das Produkt aus drei Kennzahlen berechnet: Schwere (S), Entdeckungs- (E) und Auftretens-wahrscheinlichkeit (A) des Fehlers:

$$R = S \cdot E \cdot A \quad (1)$$

Unter der vereinfachenden Annahme, dass die Entdeckungswahr-scheinlichkeit E der Fehler stets nahezu 100% beträgt, reduziert sich die Berechnung auf:

$$R = S \cdot A \quad (2)$$

Die Kennzahlen sind abzuschätzen und in Prozentwerten (0...100%) anzugeben. Tab. 5 zeigt exemplarisch das Ergebnis einer solchen Risi-kobewertung:

Lfd. Nr.	Risiko	Schwere des Fehlers S	Auftretenswahrscheinlichkeit des Fehlers A	Produkt $R = S \cdot A$	Maßnahme zur Risikominderung
1	*Sie erkranken.*	10	5	50	./.
2	*Ihr Betreuer erkrankt.*	5	5	25	./.
3	*Eine zugesagte Software- oder Hardwarelieferung verzögert sich.*	80	5	400	Wartezeit mit anderen Aufgaben (z.B. schriftliche Ausarbeitung) füllen
4	*Ein Messgerät ist defekt.*	60	10	600	Ersatzgerät aus Nachbarinstitut erfragen
5	*Ihr Messkonzept beinhaltet einen Denkfehler.*	90	10	900	Frühzeitige Prüfung durch den Betreuer
6	*Der Messplatz funktioniert nicht, die Fehlersuche gestaltet sich schwieriger und langwieriger als vermutet.*	50	10	500	Betreuer, Labortechniker etc. zurate ziehen

Tab. 5 *Beispielhafte Risikobewertung – Die Werte S und A sind jeweils geschätzt.*

Im Ergebnis zeigt sich, dass Sie im Projektverlauf den Risiken Nr. 4 bis 6 besondere Beachtung schenken sollten.

Halten wir fest:

Was auf den ersten Blick *überflüssig* erscheinen mag, hat sich in der Praxis als eine hilfreiche und notwendige Maßnahme bewährt: die Einführung eines Projektmanagements für Ihre Bachelor- oder Masterarbeit.

Für die Projektplanung Ihrer wissenschaftlichen Arbeit können Sie die benötigten Informationen in kurzer Zeit zusammentragen. Es empfiehlt sich, diese Planung schriftlich zu dokumentieren: Wesentliche Aspekte der Projektstruktur, Zielsetzungen, Aufgaben- und Zeitplanung können Sie in Ihr Exposé (*vgl. Kap. 7*) aufnehmen.

Die Planungsstruktur versetzt Sie in die Lage, ein regelmäßiges – beispielsweise wöchentliches – Controlling durchzuführen. Damit können Sie bei auftretenden Abweichungen von der Planung frühzeitig Risiken erkennen und über Maßnahmen nachdenken sowie diese mit Ihrem Betreuer besprechen. Dies ist gerade dann ein angemessenes Vorgehen, wenn Sie Ihre *Abenteuerlust* nicht bei Ihrer Bachelor- oder Masterarbeit ausleben wollen.

Kapitel 7

Ein Auftakt nach Maß

Sie haben Ihre Aufgabenstellung weitgehend verstanden, eine Literaturrecherche durchgeführt und eine Reihe von Fachartikeln gelesen und durchgearbeitet. Weiterhin haben Sie eine Gliederung erstellt und einen groben Zeitplan im Kopf. Naturgemäß gibt es nun viele offene Fragestellungen, Sie haben Ideen für Lösungsansätze und haben sich Erfolgskriterien zur Bewertung Ihrer Lösungsansätze erarbeitet. Auch mit der technischen Grundlage Ihrer Arbeit – beispielsweise mit der Softwareumgebung oder einem Messaufbau – haben Sie sich schon vertraut gemacht. Da ist es an der Zeit, Ihre erarbeiteten wertvollen Erkenntnisse in Form eines sog. **Exposés** zu Papier zu bringen.

Ein Exposé ist ein Arbeitsdokument, das Sie in einem frühen Stadium Ihrer wissenschaftlichen Arbeit erstellen. Es hält in schriftlicher Form die gewonnenen Ergebnisse Ihrer Einarbeitungsphase fest und legt damit den Grundstein Ihrer wissenschaftlichen Arbeit.

Ein Exposé bietet Ihnen die große Chance, sich mit der zu bearbeitenden Aufgabenstellung konzentriert auseinanderzusetzen – denken Sie an die Kopfarbeit (*vgl. Kap. 3*) – und das eigene planvolle und strukturierte Vorgehen (*vgl. Kap. 6*) schriftlich und kompakt zu dokumentieren.

Obwohl die zahlreichen Vorteile, die die Erstellung eines Exposés bietet, auf der Hand liegen, wird es in technischen und ingenieurwissenschaftlichen Studiengängen vergleichsweise selten genutzt. Möglicherweise ist diese Unterlassung ein Vorbote der bevorstehenden Last mit dem Schreiben, vielleicht gibt es auch andere Gründe. Tatsache ist, dass sowohl die Studierenden als auch die Betreuer von einem Exposé erheblich profitieren können. Welche Vorteile schafft Ihnen das Verfassen eines Exposés?

Ein Exposé strukturiert Ihre Gedanken. Erst beim eigenständigen Formulieren fällt auf, dass nicht alles so klar erscheint, wie es einem die eigenen Gedanken vortäuschen. Fehlende Worte könnten Indikatoren für fehlende Gedanken sein. Vielleicht haben Sie noch nicht alles bis in das letzte Detail durchdacht? Oder die logische Argumentationskette weist noch Lücken auf? Die schriftliche Fixierung Ihrer Aufgabenstellung zwingt Sie, Ihr Thema tiefer und konsequent zu durchdringen.

Ein Exposé führt an das Thema heran. Es gilt, nicht nur die Aufgabenstellung und Ihre Motivation darzulegen, sondern auch Teilaufgaben zu formulieren, eine vorläufige Gliederung vorzulegen und damit eine Lösungsstrategie aufzuzeigen. Kurzum: Sie dokumentieren Ihren Überblick über Ihr Forschungsprojekt, den Sie sich in kurzer Zeit verschafft und erarbeitet haben.

Ein Exposé drückt Ihre Professionalität aus. Sie haben sich nicht nur gründlich Gedanken zum fachlichen Teil Ihrer Arbeit gemacht, sondern gleichzeitig Ihre Vorgehensweise – inhaltlich wie zeitlich – erarbeitet. In diesem Sinne stellt das Exposé ein wirksames Werkzeug zur Selbstmanagementstrategie dar. Es verhilft Ihnen immer wieder zur Orientierung: In den *stürmischen* Phasen Ihrer Arbeit verlieren Sie weder den *Roten Faden* noch den Zeitplan aus den Augen.

Ein Exposé schafft Verbindlichkeit. Trotz eines intensiven Gedankenaustauschs zwischen Student und Betreuer kann es zu Missverständnissen oder gar falschen Erwartungen kommen. Die schriftliche Spezifikation der Aufgabenstellung und der Ziele hilft, solche Missverständnisse zu vermeiden oder diese frühzeitig aus dem Weg zu räumen.

Wie ist ein Exposé aufgebaut? Hier gibt es keine allgemeingültige Konvention. Sinnvollerweise sollte Ihr Exposé die drei folgenden W-Fragen beantworten:

Warum	<ul><li>**Motivation** – Warum soll dieses Thema untersucht werden? Stiftet die Lösung der Aufgabenstellung einen Nutzen? Wo bestehen die Wissenslücke und der Forschungsbedarf?</li><li>**Stand der Forschung/der Technik** (engl.: *state-of-the-art*) – Mit Ihrer Arbeit betreten Sie wissenschaftliches Neuland. Vielleicht nur ein kleines Areal, aber immerhin! Es ist Ihre Aufgabe und Ihr Interesse, dieses Neuland *einzuzäunen*, gewissermaßen das Neue und den Mehrwert herauszuarbeiten und sichtbar zu machen. Zu diesem Zweck ist es in der Wissenschaft üblich, den Stand der Technik bzw. der Forschung zu beschreiben. Was besteht schon an wissenschaftlich erarbeitetem Vorwissen? In der Benennung bekannter Forschungsergebnisse drückt sich auch eine Wertschätzung von Forschungsleistungen anderer Wissenschaftler aus. Und denken Sie daran, dass auch Ihre Arbeit einmal zitiert werden könnte.</li></ul>

Was	• **Problemdefinition** – Was genau ist die zu lösende Aufgabe? Welche (technischen) Voraussetzungen, Randbedingungen und Annahmen liegen ihr zugrunde?
	• **Skizze der Grundidee** – Welchen Weg beschreitet die Arbeit? Auf welche Ressourcen (Hardware, Software, experimenteller Aufbau etc.) wird zurückgegriffen?
	• **Ziele** – Die Ziele und die Erfolgskriterien der Forschungsarbeit werden benannt.
Wie	• **Methoden** – Sie haben sich entschieden, bestimmte Methoden, Verfahren, Techniken in Ihrer Arbeit anzuwenden. Die kurze Beschreibung dieser Methoden und eine Begründung Ihrer Wahl werden erläutert.
	• **Gliederung** – Die Strukturierung der Arbeit wird dargelegt.
	• **Zeitplanung** – Ein Zeitplan mit den wesentlichen Meilensteinen und abgeschätzten Zeitaufwänden wird dokumentiert. Dazu zählt auch die Beschreibung des kritischen Pfades in Ihrer Arbeit.

Tab. 6 *Zum Inhalt des Exposés*

Ebenso wie bei der inhaltlichen Ausgestaltung gibt es bei Layout und Form eines Exposés keine feststehenden Regeln – mit einer Ausnahme: Das Exposé sollten Sie Ihrem Betreuer in Papierform übergeben. Damit wird es *greifbar*, es sticht aus der Masse elektronischer Nachrichten heraus und wird als etwas Besonderes empfunden. Dies ist eine durchaus erwünschte Wirkung Ihres Exposés. Die Verbindlichkeit lässt sich durch Ihre eigenhändige Unterschrift noch verstärken.

Für das Erscheinungsbild Ihres Exposés lassen sich folgende Empfehlungen aussprechen:

Erscheinungsbild	• Das Layout wirkt ansprechend, wenn es optisch strukturiert ist. Absätze helfen dabei. • Tabellen und Bilder enthalten Informationen, die der Leser schnell aufnehmen kann. • Die Schrift soll gut lesbar sein. Schrifttyp, Schriftgröße und Zeilenabstand sind aufeinander abzustimmen.
Schreibstil	• Schreiben Sie ganze und zusammenhängende Sätze anstelle von Halbsätzen oder Stichwörtern. Denken Sie an den Lesefluss. • Wählen Sie eigenständige Formulierungen.
Umfang	• 1 Deckblatt • Empfehlung: 3 bis 5 DIN A4-Seiten • Gegebenenfalls 1 bis 3 Seiten Anhang (Literaturangaben, technische Informationen, etc.)

Tab. 7 *Zur Form des Exposés*

Es bleibt festzuhalten:

Das Exposé ist das Ergebnis Ihrer erfolgreichen Einarbeitungs-phase – *ein Auftakt nach Maß!* Sie besitzen nun einen guten fachli-chen Überblick, haben einige vielversprechende Lösungsansätze und sind in der Lage, Ihrer Arbeit eine sinnvolle inhaltliche Struk-tur zu geben und ihren weiteren zeitlichen Verlauf zu planen. Das Exposé spiegelt somit die inhaltliche wie organisatorische Pla-nung Ihrer Arbeit wider. Es demonstriert Ihre Kompetenz und Verantwortung für Ihre wissenschaftliche Arbeit – gegenüber sich selbst und gegenüber Ihrem Betreuer. Es schafft Vertrauen und Selbstvertrauen.

Dabei ist zu berücksichtigen, dass ein Exposé kein Werbe-Flyer und keine Marketingbroschüre ist. Überzeugen Sie durch Sach-lichkeit und Problembezug. Und schließlich können Sie Ihr Exposé auch als Auftakt zum Schreiben auffassen: Es dient als Arbeits-grundlage für die spätere schriftliche Ausarbeitung Ihrer Arbeit. Dabei ist es nicht verboten, eigene Formulierungen, Sätze oder Absätze aus Ihrem Exposé in die spätere schriftliche Ausarbeitung Ihrer Arbeit zu übernehmen.

Kapitel 8

Vom Organisieren, Motivieren und Überleben[9]

Machen wir uns nichts vor: Eine wissenschaftliche Arbeit über einen Zeitraum von mehreren Wochen oder Monaten ist stets von Höhen und Tiefe geprägt. Eigene Stimmungen, äußere Einflüsse, aber natürlich ganz besonders Ereignisse in der Arbeit, ihr Werdegang und der aktuelle Status der Arbeit beeinflussen das eigene Denken und die eigene Motivation – positiv wie negativ. Aber gerade das Denken und die Motivation sollten über längere Zeit auf einem hohen Niveau aufrechterhalten werden, um die gesteckten Ziele der Arbeit – inhaltlich wie zeitlich – erreichen zu können.

Der Idealfall ist, dass Sie sich in einem *Flow*[10] befinden. Ein solcher **Arbeitsfluss**, bei dem Sie motiviert sind, den Fortschritt der Arbeit täglich bewusst wahrnehmen und vieles wie von selbst zu gelingen scheint, weil Sie wissen, was zu tun ist und die Aufgaben als immer einfacher

---

[9] Die Wahl des in diesem Kontext drastischen und überzogenen Begriffs *Überleben* möge man dem Autor nachsehen. Sie soll dem dahinterstehenden didaktisch motivierten Anliegen Nachdruck verleihen. Der Erfolg oder Misserfolg einer wissenschaftlichen Arbeit ist selbstverständlich keine existenzielle Frage.

[10] Der Begriff *Flow* wurde durch den Psychologieprofessor Mihály Csíkszentmihályi geprägt und beschreibt einen Zustand starker Konzentration und Vertiefung zugunsten einer Tätigkeit oder Aktivität bei gleichzeitigem Empfinden einer Zufriedenheit und eines Glücksgefühls [Csík2000]. Dieser Zustand kann auch bei geistiger Arbeit und Beanspruchung erreicht bzw. beobachtet werden.

werdend empfunden werden, ist in begrenztem Rahmen ein erstrebenswerter Zustand. Sie können diesen Modus bei sich selbst meist einfach daran erkennen, dass Ihr Forschungsprojekt im Vordergrund Ihres Denkens und über vielen anderen Dingen im Alltag steht. Für einen begrenzten Zeitraum und für die Dauer Ihrer Arbeit ist dies ein akzeptabler Zustand, der sich jedoch nicht verstetigen sollte.

Um diesen Flow-Zustand zu erreichen oder wiederzuerlangen, können Sie einiges unternehmen. Die folgenden Überlegungen unterteilen sich in Fragen der *Organisation*, der *Motivation* und des *Überlebens*.

Vom Organisieren. Eine Bachelor- oder Masterarbeit unterliegt vielfältigen Risiken. Eines der größten Risiken ist, dass wir im *Eifer des Gefechts* und angesichts der Komplexität der Arbeit schnell den Überblick verlieren. Es ist ärgerlich, wenn eine gute Idee in Vergessenheit gerät, und es kann fatal sein, wenn eine Fragestellung oder ein Ziel im Laufe der Arbeit übersehen wird. Und können Sie über den aktuellen Stand Ihrer Arbeit selbst dann noch Auskunft geben, wenn Sie gerade ganz tief in Ihre Arbeit versunken sind? Schaffen Sie Ihre Ziele? Halten Sie Ihren Zeitplan noch ein?

Die Organisation Ihrer Arbeit ist eine Notwendigkeit und versetzt Sie in eine Metaebene. Mit anderen Worten: Sie müssen sich zwingen, die liebgewonnene Arbeitsebene, wo es gerade vorangeht, zu verlassen. Oder wenn Sie sich tief in eine Fehlersuche eingegraben haben und glauben, kurz vor der Lösung zu stehen, sollten Sie trotzdem aus dem Graben herauskommen und sich Zeit für eine Statusaufnahme Ihres Projektes nehmen. Dieser Wechsel zwischen diesen Ebenen fällt nicht immer leicht, aber der Umgang damit kann erleichtert werden.

1. Führen Sie ein Tage- und Notizbuch (*vgl. Kap. 3*), das jederzeit Ihre Einfälle, Ihre Fragen, Beobachtungen, Ideen und Lösungen dokumentiert und festhält. Gute Gedanken gehen somit nicht verloren. Sie können dieses Buch wie ein Protokollheft oder Arbeitsbuch behandeln, in dem Sie alles Wesentliche eintragen und nichts unterschlagen. Es kann übrigens hilfreich sein, in diesem Buch offene Fragen und ungelöste Probleme einzutragen. Sie übertragen die damit verbundene *Last* gewissermaßen auf das Buch, das Sie während Ihrer ganzen Arbeit begleitet. Beschäftigen Sie sich am besten täglich mit diesem Tage- und Notizbuch – es hilft, Ihre gedankliche Aktivität um die Arbeit am Laufen zu halten. Das Tage- und Notizbuch dient auch als Basis für die spätere schriftliche Ausarbeitung.

2. Man kann gewiss darüber philosophieren, ob für das beschriebene Tage- und Notizbuch die Papierform oder die elektronische Form zu bevorzugen ist. Beide Varianten haben Vor- und Nachteile. Für den Fall, dass Sie eine computerbasierte Lösung bevorzugen, bietet sich der Einsatz einer Software zur Literaturverwaltung an. Heutige Programme bieten einen Funktionsumfang an, der deutlich über die Literaturverwaltung hinausgeht und die Organisation von Wissen oder die Planung von Aufgaben ermöglicht. Anders als bei einem Arbeitsbuch aus Papier, bei dem die Einträge notgedrungen sequentiell erfolgen, können frisch entdeckte Literaturquellen, neue Ideen und anfallende Aufgaben sofort sinnvoll in eine flexible Struktur eingefügt werden.

3. Zeit *planen* – Zeit *finden*: Der Zeit*plan* lässt sich nach erfolgter Abschätzung der einzelnen anfallenden Zeitaufwände recht leicht erstellen. Jetzt muss nur noch die Zeit *gefunden* werden, in der die geplanten Aufgaben und Aufwände tatsächlich stattfinden. Hier hat sich ein einfacher Trick bewährt: Sie tragen sich die Zeiträume, in denen Sie aktiv an Ihrer Bachelor- oder Masterarbeit arbeiten wol-

len, in Ihren Kalender ein. Diese Termine sind fest für die Beschäftigung mit Ihrer Arbeit reserviert. Die Kalendereinträge verschaffen Ihnen eine nachvollziehbare Kontrolle Ihres Arbeitsaufwandes. Sinnvollerweise planen Sie Ihre Arbeitszeiten zu Tageszeiten ein, an denen Ihre Leistungsfähigkeit nach Ihrer Erfahrung hoch ist.

Vom Motivieren. Der oben angesprochene Arbeitsfluss ist letztlich Ausdruck und Ergebnis einer erfolgreichen Eigenmotivation und inneren Zufriedenheit. Diese unterliegt naturgemäß zahlreichen Faktoren, von denen Sie viele bewusst beachten und beeinflussen können. Einige Aspekte und Vorgehensweisen, die den Arbeitsfluss begünstigen, sind:

1. Entwickeln Sie für sich eine Kultur, in der Sie sich Ihre Fortschritte bewusst vor Augen führen. Auch kleine Erfolge sind es wert, beachtet zu werden. Die Freude darüber ist Antrieb für die nächsten Schritte. Schon der chinesische Philosoph Laozi (*auch*: Laotse) erkannte: *"Jede Reise beginnt mit dem ersten Schritt."* Feedback über Ihre Arbeitsergebnisse erhalten Sie weiterhin durch den regelmäßigen Austausch mit Ihrem Betreuer.

2. Legen Sie am Ende eines Tages fest, mit welchem Arbeitspaket Sie am nächsten Morgen beginnen werden. Wählen Sie eine leicht lösbare Aufgabe: Der erfolgreiche Start in einen neuen Arbeitstag wirkt beflügelnd.

3. Seien Sie realistisch und planen Sie nur 60 Prozent Ihres Tagespensums aus. Nicht erreichte Tagesziele sind eine Quelle der Demotivation. Führen wir uns vor Augen: Wissenschaftliche Arbeiten unterliegen kaum Routinen. Unerwartete Störungen und überraschende Gedanken können den Tagesablauf erheblich beeinflussen und verändern. Da ist es für das Erleben und Empfinden während der Arbeit vorteilhaft, wenn für diese *Überraschungen* genug Freiraum be-

steht. Das Verfolgen neuer Ideen und Ansätze macht die Wissenschaft ja gerade in besonderer Weise aus.

4. In den Zeitfenstern, in denen Sie arbeiten, sollten Sie eine hohe Konzentration anstreben. Es muss also Ihr Ziel sein, alle denkbaren Störungen wie Lärm, Mails und alle elektronischen Nachrichten, Smartphone, etc. zu vermeiden und auszuschließen. Suchen Sie sich eine ruhige und angenehme Arbeitsumgebung, etwa in der Bibliothek. Auch ein aufgeräumter Schreibtisch hilft, Ablenkung zu vermeiden.

5. Der deutsche Philosoph Immanuel Kant war dafür bekannt, dass er sich einen nach festen Zeiten geregelten Tagesablauf geschaffen hat, in dem ausreichend Zeitraum für sein Arbeiten und für den Austausch mit Zeitgenossen und anderen Wissenschaftlern bestand. Es wird oft darauf verwiesen, dass diese gelebte Regelmäßigkeit maßgeblich zu seinem philosophischen Lebenswerk beigetragen hat [Schu2008]. Es liegt auf der Hand: Große zeitliche Unterbrechungen zwischen zwei Arbeitsblöcken machen ein erneutes – zeitraubendes – sich Hineindenken erforderlich, das den Flow bremst. Aufgrund dieser Überlegung empfiehlt sich ein regelmäßiges Arbeiten, vorzugsweise täglich und zu festen Tageszeiten. Gleichwohl sind ebenso ausreichend Pausen einzuplanen, die ein Auftanken der geistigen Kräfte fördern.

Vom Überleben. Ein unerwarteter Datenverlust, die Entdeckung eines konzeptionellen grundlegenden Fehlers in Ihrem Lösungsansatz oder die verzweifelte Suche nach einem Hardware- oder Softwarefehler, der Ihr technisches System vom funktionalen Betrieb abhält – und das auch noch kurz vor Erreichen des Abgabetermins Ihrer Arbeit – führen zu der Erkenntnis, dass Ihre wissenschaftliche Arbeit in einem *„Schiff-*

bruch" zu enden droht: Kommt nicht vor? Nicht vorstellbar? Nicht erwünscht? Die beschriebene Situation tritt – *leider!* – immer mal wieder bei studentischen Arbeiten auf. In solchen *Notsituationen* werden oft *Nachtschichten* eingelegt, und die Arbeit wird in hektischer Weise – im *"Panikmodus"* – fortgeführt, um zu retten, was noch zu retten ist. Die tieferen Gründe und Ursachen für diese Situationen sind in Teilen selbst verschuldet und wären durch eine umsichtige Planung und ein systematisches Vorgehen vermeidbar oder zumindest in ihren Auswirkungen abzumildern gewesen. Unter diesem Blickwinkel können Sie dieses Buch als Ratgeber auffassen, gerade solche Situationen zu vermeiden: ein *"Katastrophen-Vermeidungs-Buch"*.

Nun kann aber durch eine Anhäufung eigener Fehler und unglücklicher Umstände doch eine schwierige Situation entstehen, in der Sie *"in den Abgrund schauen"*. Die erste Regel gem. Abb. 4 lautet:

Abb. 4 *Appell in einem Aufzug – Bildquelle: Matthias Heinitz.*

Laufen Sie nicht sofort weg, halten Sie inne. Bedenken Sie, wieviel Zeit und wieviel Energie Sie bereits in Ihre Arbeit investiert haben: Viel zu schade zum Wegwerfen! Gravierende Probleme und die zu ergreifenden Maßnahmen und Aktivitäten sollten Sie immer zuerst mit Ihrem Betreuer besprechen. Übrigens erweisen sich erst in solch kritischen Phasen die sorgfältige Wahl Ihres Betreuers und die Qualität der Zusammenarbeit als besonders wichtig.

Iem gemeinsamen Gespräch lassen sich Lösungen finden und erarbei-
ten. Ziel sollte immer sein, die im bisherigen Projektverlauf erzielten
Arbeitsergebnisse, aber auch die ungelösten Fragen in angemessener
Form festzuhalten und zu dokumentieren. Die Regeln der Wissenschaft
dürfen nicht außer Kraft gesetzt werden. Und schließlich ist der Umgang mit einer Krisensituation auch Ausweis Ihrer Souveränität und
Kompetenz.

Es gibt Lebensbereiche, in denen eine Kultur des Reflektierens
intensiv praktiziert wird: Profisportler analysieren ihr Wett-
kampfverhalten, und Piloten verabreden in *Briefings* Ziele und
Verhaltensweisen, in den abschließenden *Debriefings* tauschen sie
schließlich situationsbezogene Informationen aus und bewerten
die zuvor vereinbarte Zielerreichung. Dieses reflektierende Vorgehen dient dem Lernen aus Fehlern und der Verbesserung der ·
eigenen Leistungsfähigkeit. Damit dies gelingt, wird das eigene
Verhalten aus der "*Vogelperspektive*" betrachtet, d.h. mit einer
gedanklichen Distanz, die Objektivität erst zulässt.

Für die Durchführung Ihrer Bachelor- oder Masterarbeit bedeutet
dies, dass sie die übergeordnete Ebene – die sog. Metaebene –
immer wieder erklimmen müssen, um sich einen Überblick über
die Lage Ihrer Arbeit zu verschaffen. Nicht umsonst spricht man
beim Militär vom *Feldherrenhügel*. Alle Ratschläge in diesem Kapi-
tel können nur dann befolgt werden, wenn Sie bereit sind, sich auf
diesen Feldherrenhügel begeben. Und so liegt wohl der tiefere
Sinn dieses Buchkapitels darin, dass Sie sich bei Ihrer wissenschaftlichen Arbeit hoffentlich *nur* um die *Organisation* und die
Motivation kümmern müssen, nicht aber um das *Überleben*.

Kapitel 9

Zum guten Schluss

Endlich – geschafft! Die schriftliche Ausarbeitung Ihrer Bachelor- oder Masterarbeit haben Sie termingerecht abgegeben, und Sie haben Ihre Abschlusspräsentation gehalten. Sie haben das Gefühl, der ganze Aufwand und die Mühen haben sich gelohnt: Die erzielten Ergebnisse sind erfreulich. Vieles ist gut gelaufen, manches sogar viel einfacher und besser als gedacht. Und Sie haben möglicherweise die Erkenntnis gewonnen: Wissenschaft folgt Regeln, die sich gut und leicht befolgen gelassen. Wissenschaft ist machbar. Nicht so schlimm wie gedacht, Ehrfurcht ist unangebracht! In diesem Moment, wo Sie – verständlicherweise! – Ihrer Sehnsucht zum Zurücklehnen und Ausruhen nachgeben mögen, seien noch einige bedenkenswerte Aspekte eingeworfen.

Noch nicht fertig: Lessons learned. Naturgemäß besteht nach einem längeren fordernden Projekt der Wunsch, gedanklich schnell Abstand zu gewinnen und langsam die nächsten Schritte im Studium oder für die Zeit danach zu planen. Gleichwohl sollten Sie es nicht versäumen, für sich einen Schatz zu heben: Ihren Erfahrungsschatz. Sie haben in Ihrem persönlichen Forschungsprojekt sehr viele wertvolle Erfahrungen und Eindrücke gesammelt, die es allemal wert sind, aufbewahrt zu werden. *Wie war die Themenwahl Ihrer Arbeit? Hat sich Ihre Aufgabe als so interessant erwiesen wie erwartet? War die Zusammenarbeit mit Ihrem Betreuer konstruktiv und motivierend? Wie sind Sie mit auftretenden*

Schwierigkeiten umgegangen? Hat sich Ihre Zeitplanung als realistisch erwiesen? Haben Sie Ihre verfügbare Arbeitszeit bestmöglich genutzt? Welche Fehler hätten Sie vermeiden können? Hat Ihnen das wissenschaftliche Arbeiten Freude bereitet? Wie erging es Ihnen mit der Kopfarbeit? Genügend Fragen, die eine ehrliche Antwort verdienen, damit Sie für Ihr nächstes Projekt die richtigen Schlüsse ziehen. Ihre Antworten fallen umso ehrlicher aus, wenn Sie sich an den Weichenstellungen, aber auch an den kritischen Phasen, den *Tälern* oder gar Rückschlagen Ihres Projektes orientieren. Es wäre sinnvoll und angemessen – auch im Sinne Ihrer wissenschaftlichen Kompetenz –, wenn Sie Ihre Erkenntnisse schriftlich festhalten, so dass diese nicht in Vergessenheit geraten. Und vielleicht ist Ihr nächstes Projekt wieder eine wissenschaftliche Arbeit?

Immer noch nicht fertig: Go public. Damit eine Quelle wissenschaftlich verwertet werden kann, muss sie zugreifbar und durch eine Literaturrecherche weltweit auffindbar sein. Bachelor- und Masterarbeiten, die sich als Einzelexemplare in einer Hochschule der Kenntnis und Nutzung durch die Öffentlichkeit entziehen, werden ihrem Wert nicht gerecht. *Es wäre sicherlich eine Untersuchung wert, wieviel erarbeitetes Wissen auf diese Art und Weise der Menschheit vorenthalten wird oder gar verloren geht. Nicht mit Ihrer Arbeit? Nicht mit Ihrer Arbeit!* Ihre hart erarbeiteten Ergebnisse verdienen es nicht, dass sie der Öffentlichkeit vorenthalten werden. Der Gedanke, sie zu publizieren, wird dem Bedürfnis der Wissenschaften zum fachlichen Austausch gerecht. Es gibt ein breites Angebot an Publikationsformen: Wissenschaftliche Fachzeitschriften und Konferenzen, Workshops, Internetpublikationen, Buchdruck im Eigenverlag und vieles mehr. Möglicherweise erscheint Ihnen eine Veröffentlichung bei einer Fachzeitschrift oder Konferenz mit einem langwierigen Begutachtungsprozess als zu aufwändig? Und eine beliebige Internetpublikation erfüllt nicht den wissenschaftlichen Rahmen? Dann erkundigen Sie sich doch in der Bibliothek Ihrer Hochschule, ob dort das Angebot zur Publikation eines wissenschaftlichen

Fachberichtes (engl.: *technical report*) besteht. Solche Berichte werden in den Schlagwortkatalog der Bibliothek aufgenommen, so dass eine von außerhalb durchgeführte Suche Ihre Publikation auffinden kann. Und schließlich ist es eine Überlegung wert, in einer späteren Bewerbung auf Ihre publizierte Arbeitsprobe hinzuweisen. – Ziehen wir ein abschließendes Fazit:

Wir leben in einer schnelllebigen Zeit. Die oft zitierte Informationsflut verlangt uns ein schnelles Erfassen von Nachrichten und Informationen ab. Als eine Folge dieser Flut müssen wir Nachrichten, Informationen oder Daten zügig bewerten, um sie für ihre Bedeutung und Auswirkung auf unseren Alltag einzuordnen. Die daraus resultierende Gefahr ist, dass nachprüfbare Bewertungen und subjektive Meinungen ineinander übergehen und nicht mehr eindeutig auseinandergehalten und identifiziert werden.

Wissenschaftliches Arbeiten ist seinem Wesen nach das Gegenteil von schnellen Lösungen: Wissenschaft verlangt Gründlichkeit, duldet keine *alternativen Fakten*. Wissenschaft braucht Zeit. Der zeitliche Aufwand für eine Problemlösung ist oftmals weder vorhersagbar noch planbar. Darin liegt ein wesentlicher Grund, warum Wissenschaft sich nicht ohne weiteres in den modernen Arbeitsalltag, in Arbeitsprozesse, in die Berufswelt und in den heutigen Zeitgeist einfügen mag. Wir können noch einen Schritt weitergehen und formulieren: Wissenschaft ist nicht nur eine Betätigung, sondern eine innere Grundhaltung und Anschauung: Sie basiert auf grundlegenden Werten wie Unabhängigkeit, Objektivität, Kritikfähigkeit, Zeit. Diese Werte sind beim wissenschaftlichen Arbeiten unverzichtbar, verdienen aber auch Beachtung über die reine wissenschaftliche Betätigung hinaus.

Literaturverzeichnis

[Achi1989]   Manfred Achilles: "Historische Versuche der Physik - Funktionsfähig nachgebaut", 1. Auflage, Springer-Verlag Berlin, ISBN: 978-3-540-51587-6, 1989.

[Balz2010]   Helmut Balzert, Christian Schäfer, Marion Schröder, Uwe Kern: *"Wissenschaftliches Arbeiten - Wissenschaft, Quellen, Artefakte, Organisation, Präsentation"*, 3. Auflage (Nachdruck), Herdecke, Witten, W3L-Verlag, ISBN: 978-3-937137-59-9, 2010.

[Boët2006]   Henning Boëtius: *"Geschichte der Elektrizität"*, 1. Auflage, Verlag Beltz & Gelberg, Weinheim, ISBN-13: 978-3-407-75326-7, 2006.

[Csík2000]   Mihaly Csíkszentmihályi: *"Das Flow-Erlebnis. Jenseits von Angst und Langeweile im Tun aufgehen. (Originaltitel: Beyond Boredom and Anxiety. The Experience of Play in Work and Games. 1975)"*, 8. Auflage. Klett-Cotta, Stuttgart, ISBN 3-608-95338-8, 2000.

[Dora1981]   G. T. Doran: "There's a S.M.A.R.T. way to write management's goals and objectives", Management Review, 70. Jg., Nr. 11, 1981, S. 35–36.

[Eco2010]   Umberto Eco: *"Wie man eine wissenschaftliche Ab-*

schlussarbeit schreibt.", 13. Aufl., Heidelberg: UTB GmbH, ISBN-13: 978-3825215125, 2010.

[Farb2007] Farber, Dan (09.01.2007): *"Jobs: Today Apple is going to reinvent the phone"*, ZDNet *"Between the Lines"* blog, https://www.zdnet.com/article/jobs-today-apple-is-going-to-reinvent-the-phone, Aufruf: 08.08.2018.

[Klaa2002] Klaas A.D. Smelik (Hrsg.): "*Etty: The Letters and Diaries of Etty Hillesum 1941-1943*", William B. Eerdmans Publishing Co., Ottawa, ISBN-13: 978-0802839596, 2002.

[Schu2008] Uwe Schultz: "*Immanuel Kant*", Rowohlt Taschenbuch Verlag, Reinbek bei Hamburg, 4. Auflage, ISBN-13: 978-3-499-50659-8, 2008.

[Spie2018] Spiegel Online: "*Plastikmüll im Ozean - Marcella Hansch will das Meer retten*", http://www.spiegel.de/wirtschaft/soziales/plastik-im-meer-wie-eine-architektin-ein-riesiges-umweltproblem-loesen-koennte-a-1192011.html, Aufruf: 27.08.2018.

[Werd2012] Martin Werdich (Hrsg.): "*FMEA - Einführung und Moderation: Durch systematische Entwicklung zur übersichtlichen Risikominimierung (inkl. Methoden im Umfeld)*", Vieweg+Teubner Verlag; 2. Auflage, ISBN-13: 978-3-834817877, 2012.

[Wiki2018] Wikipedia – Artikel über Neil Armstrong: https://de.wikipedia.org/wiki/Neil_Armstrong, Aufruf: 27.08.2018.

Beispiel für ein Exposé

Exposé für eine Bachelorarbeit

Matthias Heinitz

Stand: 02.08.2018

Die Zukunft der Elektromobilität

Eine wissenschaftliche Untersuchung

1 Zweck dieses Exposés

Dieses Exposé soll die Motivation und die Aufgabenstellung, die Ziele, das Vorgehen und die Erfolgskriterien für die Bachelorarbeit **„Die Zukunft der Elektromobilität – Eine wissenschaftliche Untersuchung"**
festhalten.

2 Motivation der Arbeit

*Aktuelle Dis-
kussion in
Gesellschaft
und Medien*

Spätestens mit dem Bekanntwerden des sog. *„Dieselab-
gas-Skandals"* ist die Zukunft der Elektromobilität sehr
stark in den Blickpunkt der Öffentlichkeit gerückt
[Wiki2018][Deli2016]. In der öffentlichen Diskussion
geht es im Kern um die Fragestellung, ob im Bereich
des Individualverkehrs der Verbrennungsmotor (Die-
sel und Benzin) auf Sicht durch Elektroantriebe substi-
tuiert werden kann. Neben Fragen der Umweltverträg-
lichkeit und der Gesundheit werden auch Fragen der
Wirtschaftlichkeit, Nutzbarkeit und Akzeptanz in den
Medien und in der Gesellschaft erörtert.

3 Aufgabenstellung und Ziel der Arbeit

Im Rahmen dieser Arbeit soll eine wissenschaftliche
Untersuchung durchgeführt werden, die die verschiedenen Aspekte der Elektromobilität beleuchtet: Technische Machbarkeit und Nutzbarkeit, Wirtschaftlichkeit, Umwelt-/Klimaverträglichkeit, Gesundheitsein-
flüsse und Akzeptanz.

*Wissenschaft-
liche Studie –
Literatur-
recherche*

Es soll eine **wissenschaftliche Studie erstellt werden, die sowohl den Stand der Technik als auch
technisch ungelöste Probleme darstellt**. Zu diesem
Zweck ist eine **ausführliche Literatur- und Daten-
recherche** durchzuführen, die sich auf die vorgenann-
ten Aspekte erstreckt.

Fragenkata- *log*	Im Zuge dieser Untersuchung gilt es, einen Fragenkatalog zu beantworten. Einige Fragen seien hier exemplarisch aufgeführt. Ein ausführlicher vorläufiger Katalog findet sich im Anhang dieses Exposés.
Batterietech- *nologie*	• Wie entwickeln sich die Akkumulatorkapazitäten? • Wie entwickeln sich die Ladezyklen der Akkumulatoren?
Elektrische *Antriebe*	• Welche elektrischen Antriebe werden derzeit eingesetzt? • Welche Entwicklungen sind hinsichtlich Wirkungsgrad, Gewicht und Fahrkomfort zu erwarten?
Ladeinfra- *struktur*	• In welchem Umfang muss die Ladeinfrastruktur ausgebaut werden, um große Zahlen von Elektromobilen elektrisch aufladen zu können?
Abgrenzung	• Eine sich aus den Untersuchungen ableitende Notwendigkeit zum Ausbau der Energieerzeugung (erneuerbare Energien, Kraftwerke) wird nicht betrachtet.

4 Erfolgskriterien

Die wissenschaftliche Studie

- beantwortet den **Fragenkatalog vollständig**,
- gibt **Auskunft über den Stand der Technik** bei Akkumulatoren, Elektroantrieben, Ladeinfrastrukur und
- benennt zu lösende technische Probleme.

Auf Basis dieser Ergebnisse wird eine **Bewertung** vorgenommen, die die technologische Entwicklung und die Nutzbarkeit von Elektrofahrzeugen in den etwa nächsten zehn bis fünfzehn Jahren prognostiziert.

5 Zeitplanung

Lfd. Nr.	Aufgabe Thema	Ergebnis	Woche 1	Woche 2	Woche 3	Woche 4	Woche 5	Woche 6	Woche 7	Woche 8	Woche 9	Woche 10	Woche 11	Woche 12	Woche 13
1	Einarbeitung	• Literaturrecherche durchgeführt • Literatur katalogisiert und grob durchgearbeitet	■	■											
21	Grundlagen	• Erarbeitung technischer Grundlagen (Batterie, E-Motor) • Verfassen des Grundlagenkapitels			■										
22	Batterie	• Herausfinden von Entwicklungstrends für Batterien • Verfassen des Kapitels				■	■								
23	Elektroantrieb	• Herausfinden von Entwicklungstrends für E-Motoren • Verfassen des Kapitels						■	■						
24	Ladeinfrastrukstruktur	• Herausfinden von Anforderungen an Ladeinfrastruktur • Verfassen des Kapitels								■	■				
25	Bewertung	• Bewertung der technischen Erkenntnisse • Verfassen des Kapitels										■	1 Woche Pufferzeit		
31	Lektorat	• Korrekturlesen										■			
32	Druck	• Druck und Abgabe												■	
33	Präsentation	• Präsentation erstellen • Probevortrag • Präsentation halten												■	■

Kritischer Pfad	Aufgrund der Anlage dieser Arbeit, die auf einer Literaturrecherche basiert, wird an dieser Stelle auf die Angabe eines kritischen Pfades, der die Projektlaufzeit bestimmt, verzichtet.

6 Literatur

[Wiki2018]   https://de.wikipedia.org/wiki/Abgasskandal (Zugriff: 01.08.2018)

[Deli2016]   D'Elia, Alfredo; Viola, Fabio; Montori, Federico; Azzoni, Paolo; Maiero, Matteo (2016): "*Electro Mobility automation through the Arrowhead Framework*", Proceedings of the IECON2016 - 42nd Annual Conference of the IEEE Industrial Electronics Society. Florence (Italy), October 24-27, 2016, Piscataway, NJ: IEEE, S. 5246–5252.

Anhang: Fragenkatalog

Batterietechnologie

- Welche Akkumulatorkapazitäten sind möglich?
- Welche Reichweiten sind für Elektrofahrzeuge denkbar? Welche Abhängigkeiten (Temperatur, Lebensalter, Gewicht) bestehen?
- Wie groß ist die Lebensdauer der Akkumulatoren?
- Wie schnell sind die Ladezyklen?
- Welche Entwicklungspotenziale für Akkumulatoren bestehen in Hinblick auf Kapazität, Lebensdauer, Ladegeschwindigkeit, Energiedichte?
- Ist eine Begrenzung der Rohstoffe für Akkumulatoren zu erwarten?
- *To be continued.*

Elektrische Antriebe

- Welche elektrischen Antriebe werden derzeit eingesetzt?
- Welche Entwicklungen sind hinsichtlich von Wir-

kungsgrad, Gewicht und Leistung zu erwarten?

- *To be continued.*

- Welche Maßnahmen zur Verstärkung der Ladeinfrastruktur sind nötig, um große Zahlen von Elektrofahrzeugen versorgen zu können? – *Um diese Frage zu beantworten, wird eine Beispielkalkulation durchgeführt: Zahl der Elektrofahrzeuge, jährliche Kilometerleistung, Reichweite und Energiemenge pro Ladevorgang, Ladedauer, Nutzungsfrequenz einer Ladestation, Anzahl der benötigten Ladestationen inkl. Beladung zuhause.*

- Ist die heute erzeugte Energiemenge (Kraftwerke, erneuerbare Energien) ausreichend?

- *To be continued.*